8° Z
LE SENNE
8542

DESCRIPTION

HISTORIQUE

DE L'ÉGLISE ROYALE

DE SAINT-DENYS.

IMPRIMERIE DE C. L. F. PANCKOUCKE.

Façade principale de l'Église Royale de St. Denis.

DESCRIPTION

HISTORIQUE

DE L'ÉGLISE ROYALE

DE SAINT-DENYS,

EC DES DÉTAILS SUR LA CÉRÉMONIE DE L'INHUMATION DE LOUIS XVI
ET DE MARIE-ANTOINETTE, REINE DE FRANCE.

PAR A. P. M. GILBERT,

TEUR DES DESCRIPTIONS HISTORIQUES DE NOTRE-DAME DE PARIS,
ET DE L'ÉGLISE DE CHARTRES.

PARIS,

PLANCHER, Éditeur, rue Serpente, N° 14;
ez EYMERY, Libraire, rue Mazarine, N° 30;
DELAUNAY, Libraire, au Palais-Royal.

1815.

AVERTISSEMENT.

L'église royale de Saint-Denys, enfin relevée de ses ruines, et rendue à sa destination primitive, vient d'être illustrée par un événement dont elle conservera le précieux souvenir dans ses annales. L'hommage que la piété expiatoire a rendu à la mémoire du plus vertueux des rois, a fixé aussi l'attention sur le temple où ses dépouilles mortelles ont été inhumées dans le caveau des monarques ses prédécesseurs.

Parmi les ouvrages qui ont été publiés sur cette célèbre basilique (1),

---

(1) Je ne parle point de Doublet, religieux de Saint-Denys, qui publia son ouvrage en 1625, sous ce titre : *Histoire de l'abbaye de Saint-Denys en France, contenant les antiquités d'icelle, les fondations, prérogatives et privilèges*, etc., etc. C'est un gros volume in-4°., divisé en quatre livres, qui n'est curieux à consulter que par rapport aux chartes contenues dans le troisième livre. Il en est de même d'un autre petit livre, composé par un religieux bénédictin pour la satisfaction des étrangers; il est

celui de dom Félibien (1), malgré sa prolixité, est le seul qui ait mérité le suffrage des savans et des gens de lettres, par ses laborieuses recherches et la clarté de sa méthode. Mais cette histoire est beaucoup trop volumineuse pour être consultée par la plupart des curieux étrangers ou nationaux qui visitent cette église, et auxquels il importe fort peu de connoître aujourd'hui le détail des terres et des priviléges de cette abbaye, aussi bien que celui des chartes qui en constituoient la possession.

Tels sont les motifs qui ont fait entreprendre cette description historique. Et comme l'intérêt que l'on porte à ce monument est presque inséparable de celui que l'on attache aussi à la mémoire de ses fondateurs ou bienfaiteurs,

---

intitulé : *Le Trésor sacré*, ou *Inventaire des saintes Reliques et autres précieux joyaux qui se voient en l'église et au trésor de l'abbaye royale de Saint-Denys en France*, etc., par dom Germain Millet. Il y a eu plusieurs éditions de cet ouvrage; mais la meilleure est celle de 1645.

(1) *Histoire de l'abbaye royale de Saint-Denys en France*, etc. Paris, 1706.

nous avons fait précéder cette description d'un précis historique sur l'origine et les divers accroissemens de l'église royale de Saint-Denys, devenue si célèbre par les libéralités des rois de France, qui, depuis près de douze siècles, l'ont choisie pour le lieu de leur sépulture.

DESCRIPTION

HISTORIQUE

DE L'ÉGLISE ROYALE

DE SAINT-DENYS.

L'ÉGLISE de Saint-Denys, considérée, avec raison, comme le monument le plus illustre de la piété et de la magnificence des rois de France, est en même temps l'un des temples les plus estimés de ce genre d'architecture, improprement appelé *gothique* (1); son origine remonte aux pre-

---

(1) Les Goths, peuples du Nord, auxquels on attribue mal-à-propos l'invention de l'architecture que l'on est convenu d'appeler *gothique*, étoient non-seulement étrangers aux arts, mais ils paroissent n'avoir jamais eu aucun genre d'architecture à eux. Ces peuples furent d'autant plus éloignés d'apporter de nouvelles connoissances dans les contrées qu'ils parcoururent, que tous les historiens s'accordent à les représenter comme des barbares, et ils n'ont commencé à être connus que lorsqu'ils ont porté le fer et le feu dans le sein de l'empire romain. Or, l'architecture du *moyen âge*, quoique dépourvue de la noblesse et de cette beauté

miers temps de l'établissement du christianisme en France.

Saint Denys, après avoir reçu sa mission du siége apostolique de Rome, pour aller prêcher l'évangile dans les Gaules, crut devoir porter ses pas du côté où l'idolâtrie

---

de proportions qui caractérisent l'architecture des Grecs et des Romains, offre encore un mélange singulier de barbarie et d'intelligence, d'impéritie et de lumières, qui exigeoit plus de combinaisons que n'avoient le temps d'en faire des peuples presque toujours errans, et sans cesse armés contre leurs voisins. Ajoutons que, parmi les monumens du *moyen âge* qui existent en France et ailleurs, les plus anciens sont postérieurs de plus de cinq cents ans aux incursions des Goths dans le midi de l'Europe. Il résulte que cette ancienne architecture paroît être une sorte de dégénération qui s'introduisit dans les arts dépendant du dessin lors de la décadence de l'empire romain au quatrième siècle. La différence qu'elle présente chez les divers peuples de l'Europe ne peut être attribuée qu'à celle de leur goût et de leur génie. En France, comme ailleurs, lorsqu'elle s'éloigna périodiquement des formes qui en rappeloient l'origine primitive, cette architecture prit alors différens caractères, dont elle dut l'introduction à l'influence de nos conquêtes, tant en Italie, sous Charlemagne, qu'en Syrie, à l'époque des croisades. C'est de cette diversité de formes que se composent les quatre âges de notre ancienne architecture. Le premier, connu sous la dénomination de *mérovingiaque*, est un alliage informe de style grec et romain, qui fut en usage sous la première race de nos rois. Le second, dit style *carlovingiaque* ou *lombard*, date depuis le règne de Charlemagne jusque vers le commencement du onzième siècle. On reconnoît l'emploi du troisième dans les temples construits depuis cette dernière époque jusqu'au commencement du treizième siècle. Enfin le quatrième âge, en usage depuis le treizième siècle jusqu'au commencement du seizième, sous Louis XII et François Ier, se distingue par une délicatesse et une légèreté de style, auxquelles on est convenu de donner le nom d'*arabesque*, car on sait que c'est aux fréquens voyages que les Français firent en Syrie, à l'époque des croisades, que l'on doit l'introduction d'une multitude d'ornemens et de formes élégantes qui firent sortir l'architecture du *moyen âge* de la lourdeur excessive qui la caractérisoit auparavant.

avoit jeté de plus profondes racines ; son zèle le conduisit à Paris. Arrivé dans cette ville, resserrée alors dans l'île appelée aujourd'hui la Cité, il vit bientôt s'élever, contre lui et son église naissante, une des plus grandes persécutions qui aient ensanglanté le monde chrétien. Son ministère fut couronné par le martyre vers la fin du troisième siècle. Il eut la tête tranchée, avec saint Rustique, prêtre, et saint Eleuthère, diacre, sur la montagne appelée depuis Montmartre (1). Ce fait, rapporté par Hilduin, auteur d'une Vie de saint Denys, se trouve contredit par les Actes de la Vie de sainte Geneviève, écrits vers le milieu du sixième siècle. Selon leur auteur, le lieu du martyre et de la sépulture de ces trois saints fut le même, et s'appeloit *Catholacum* ou *Cadolagum*, ou *Vicus catholocensis*, aujourd'hui Saint-Denys (2).

---

(1) Les opinions sont partagées sur l'étymologie du nom de *Montmartre*, donné à cette montagne. Frédégaire la nomme *Mons-Mercorii*. Hilduin, qui écrivoit sous Louis-le-Débonnaire, l'appelle *Mons-Mercurii* et *Mons-Martyrum*. Abbon, moine de Saint-Germain-des-Prés, auteur d'un poëme du Siége de Paris écrit en 886, lui donne le nom de *Mons-Martis*. Ces différentes dénominations paroissent avoir été données à cette montagne par rapport à deux temples qui y furent élevés, selon le témoignage de plusieurs historiens. L'un, dédié à *Mercure*, fut entièrement détruit par un orage le 20 octobre 1618. L'autre temple étoit consacré à *Mars*. On en voyoit encore quelques restes sous le règne de Henri IV, et surtout une terrasse, qui servit à ce prince pour braquer son artillerie lorsqu'il assiégea Paris en 1594. Voyez Hurtaut, *Dictionnaire historique de la ville de Paris*, article MONTMARTRE.

(2) Voyez la *Dissertation préliminaire* de l'*Histoire de l'Ab-*

L'auteur des Actes de son martyre prétend qu'une dame gauloise, nommée Catulle, touchée d'un respectueux attendrissement à la vue des restes de cet apôtre et de ses compagnons, sut, par un pieux stratagème, les dérober aux bourreaux, lorsqu'ils s'apprêtoient à les jeter dans la Seine. Pour exécuter son dessein, cette dame les invita à un repas, pendant lequel elle ordonna à ses domestiques d'enlever les trois corps et de les porter dans une terre, prête à être ensemencée, qu'elle avoit à six milles de Paris, où ils furent inhumés. La verdure du printemps couvrit bientôt les traces de leur sépulture. Enfin, la paix ayant été rendue à l'Eglise vers l'an 313, Catulle, convertie au Christianisme, fit ériger un tombeau sur la sépulture des trois martyrs. C'est le premier monument qui fut élevé en l'honneur de saint Denys. Les chrétiens y firent bâtir depuis un oratoire qui fut renouvelé par la suite, et construit sur un plan plus étendu par sainte Geneviève, aidée du prêtre Genès et des aumônes des Parisiens, vers l'an 496 (1).

Il paroît que le tombeau des saints martyrs avoit été considérablement enrichi;

---

baye de *Saint-Denys*, par dom Félibien, ainsi que les *Dissertations sur l'Histoire ecclésiastique et civile de Paris*, par *l'abbé* Lebeuf, tom. 1, pag. 7.

(1) Lebeuf, *Histoire du diocèse de Paris*, tom. III, p. 178 et suivantes.

car un passage de Grégoire de Tours (1), relatif à un vol commis en 574 (par les soldats du roi Sigisbert), fait connoître en même temps la forme de ce tombeau qui, suivant le goût du temps, étoit orné de plusieurs petites tours ou pyramides. Un grand voile de soie, brodé en or et enrichi de pierres précieuses, en couvroit la surface; le tout étoit surmonté d'une colombe en or, qui servoit, suivant l'ancien usage, à contenir sans doute l'Eucharistie.

C'est dans cette même église que l'on croit avoir été bâtie par la piété de sainte Geneviève, que Chilpéric 1er, fit inhumer, en 580, le corps du jeune Dagobert, son fils, pour lequel Fortunat composa une épitaphe en vers. Ce prince est le premier de la famille royale qui y eut sa sépulture.

Cette basilique, devenue par la suite le mausolée de nos rois, s'accrut considérablement par leurs libéralités et par celles de plusieurs autres grands personnages. Mais, parmi ces princes, il n'en est aucun qui se soit signalé par sa munificence, comme Dagobert 1er. Il la fit reconstruire, vers l'an 629, avec tant de somptuosité, et augmenta tellement les revenus de la

---

(1) *De Gloriâ Martyrum*, cap. 72.

communauté religieuse qui la desservoit déjà sous la conduite de l'abbé Dodon, qu'il a insensiblement fait oublier les bienfaits de ses prédécesseurs, et que la postérité l'a considéré comme le principal fondateur de cette église.

Selon la description qu'en a faite le moine anonyme, auteur de la Vie de Dagobert, rien ne fut épargné dans la construction de cette nouvelle basilique, la plus vaste et la plus riche qu'il y eut alors en France. On la décora d'un grand nombre de colonnes en marbre; le pavé étoit aussi en marbre; enfin l'argenterie, l'or, les pierres précieuses y furent prodigués, et, suivant l'expression du même auteur, *toutes les espèces d'embellissemens connus dans l'univers* (1). Le prince ne fit point peindre l'intérieur de cet édifice; mais, par une magnificence plus grande, et dont il semble avoir donné l'exemple, il en couvrit entièrement les murs, et même les colonnes, de tentures tissues d'or et enrichies de perles (2). Pour fermer l'entrée de ce nou-

---

(1) *Gesta Dagoberti*, cap. 20, apud D. Bouquet. *Recueil des Historiens des Gaules*, tom. II, pag. 585.

(2) Ce fait est remarquable, dit un auteur moderne, car on voit ce faste s'étendre successivement, et l'usage des tapisseries, en devenant commun de plus en plus dans les grandes églises de la France, finir par y faire abandonner celui d'en peindre les murs. Voyez *Discours sur l'état de la peinture, depuis Constantin jusqu'au treizième siècle*, par M. T. B. Éméric-David. Paris, 1812, pag. 111 et 112.

veau temple, Dagobert y fit poser une porte de bronze qu'il avoit fait enlever de l'église de Saint-Hylaire de Poitiers.

Enfin ce fut au milieu de tant de faste et de somptuosité que ce prince ordonna de construire sur la sépulture de saint Denys ce magnifique tombeau dont il donna la conduite à saint Eloy, orfévre et monétaire du roi, qui jouissoit alors d'une grande considération à la cour, tant par sa vertu que pour son habileté dans l'art de l'orfévrerie. Selon la description que saint Ouen (auteur de la Vie de saint Eloy) nous a laissée de ce monument, il consistoit dans un dôme soutenu par des colonnes en marbre revêtues de lames d'argent. La façade étoit surmontée d'un fronton enrichi de pierres précieuses. Dessous le dôme se voyoit le tombeau des saints martyrs, sur lequel on avoit placé leurs bustes (1). Au-devant de ce monument s'élevoit un autel revêtu d'une boiserie dorée, ornée de feuillages et de petites pommes d'or entremêlées de perles. Le haut de cet autel ou dessus du dôme étoit recouvert de lames d'argent.

---

(1) A cette époque, les reliques des saints, selon l'usage de la primitive église, étoient encore conservées dans des tombeaux de pierre, de marbre ou d'autres matières. Ce ne fut que vers le milieu du neuvième siècle que l'on commença à les exhumer pour les mettre dans des châsses, afin de les transporter plus facilement dans différens lieux et de les mettre à l'abri de la fureur des Normands.

Ce grand ouvrage, où l'orfévrerie étaloit ses richesses, étoit considéré alors comme l'une des plus belles productions de l'art qu'il y eût en France. Lorsqu'il fut terminé, Dagobert fit faire la translation des reliques de saint Denys et de ses deux compagnons, saint Rustique et saint Eleuthère, le 22 avril de l'an 630, jour auquel on célèbre dans l'église de Paris la fête de l'Invention des corps de ces saints martyrs.

Après tant de libéralités dues à la piété et à la munificence de Dagobert, on pourroit présumer qu'il y mit de la profusion, s'il étoit permis d'ajouter foi à une ancienne tradition (appuyée sur le témoignage de quelques historiens peut-être mal instruits) qui rapporte que ce prince fit couvrir en argent l'église de Saint-Denys. Non-seulement on a peine à se persuader que ce métal ait été assez commun en France pour qu'on pût l'employer à cet usage; mais on ne trouve nulle part aucun exemple d'une pareille magnificence, même parmi les plus riches monumens de la piété des empereurs et des rois. C'est pourquoi dom Félibien observe très-judicieusement que l'auteur de la Vie de Dagobert (qui écrivoit plus de cent ans après la destruction de la couverture en argent dont il parle) aura confondu l'abside ou voûte de l'église (qui se terminoit en circuit) avec celle du tombeau de saint Denys qui étoit en effet couverte en argent, comme l'indique saint Ouen dans la Vie de saint Eloy. Il faut ajouter à ces preuves historiques le témoignage du testament de Dagobert, dans lequel ce prince ordonne aux officiers du *fisc* de fournir, à l'avenir, tous les deux ans, aux trésoriers ou agens du monastère, *huit mille livres de plomb* pour être employées à l'entretien de la couverture de l'église des Saints-Martyrs (1); ce qui prouve formellement qu'elle n'étoit pas couverte en argent.

Cette église, élevée avec tant de somptuosité par Dagobert, fut abattue près de cent cinquante ans après, et reconstruite sur un nouveau plan par les ordres de Pépin dit le *Bref*. Charlemagne son fils, à la prière de l'abbé Fulrad (2), fit achever ce nouvel édifice, qui fut en état d'être consacré au mois de février de l'an 775. Le Roi vint exprès à Saint-Denys, et fit faire la cérémonie de la dédicace avec toute la pompe que l'on pouvoit attendre de la munificence d'un si grand prince. Ce fut un religieux de cette abbaye, nommé Airard, qui dirigea les travaux du nouvel édifice en qualité

---

(1) Dom Félibien, *Histoire de Saint-Denys*, liv. I, pag. 11, 12 et 15.
(2) Quatorzième abbé de Saint-Denys, mort en 784, et l'un des plus illustres personnages de ce monastère. *Histoire de Saint-Denys*, liv. II, pag. 59.

d'architecte. Il fit aussi exécuter, sur ses dessins, une porte de bronze, pour remplacer celle donnée par Dagobert. Sur l'un des bas-reliefs de cette porte (supprimée en 1771 à cause de sa vétusté) étoit représenté ce religieux architecte, offrant son présent à Saint-Denys.

Il ne reste uniquement de cette église que les cryptes ou chapelles souterraines qui sont autour du chœur. On aperçoit dans l'ensemble de cette construction le style et le goût de l'architecture lombarde, introduite en France sous le règne de Charlemagne. On retrouve même, dans quelques-uns des chapiteaux et des profils, plusieurs vestiges de l'art dégénéré, dans lesquels le style grec a su percer à travers les ténèbres de l'ignorance. Enfin, ces chapelles présentent un modèle parfait de l'architecture en usage dans le huitième siècle ; et, sous ce rapport, elles doivent être considérées avec d'autant plus d'intérêt, que les monumens de cette époque sont devenus extrêmement rares, principalement depuis les événemens de 1789.

Plus de trois siècles s'écoulèrent depuis l'époque de la construction de l'église bâtie par les libéralités de Pépin et de Charlemagne, jusqu'à celle où Suger, qui jouissoit à la cour de Louis VI, dit le *Gros*, d'une considération méritée, fut nommé abbé de Saint-Denys. Suger, quoique né dans une condition moyenne, sut, par son mérite, parvenir aux plus grands emplois. Il fut comblé des faveurs de Louis VI, avec lequel il avoit été élevé dans l'abbaye de Saint-Denys, et devint régent du royaume pendant la première croisade entreprise par Louis VII, dit le *Jeune*. Cet homme éclairé commença par rétablir la discipline et les études dans son monastère; ensuite le second objet de son administration fut de faire démolir l'ancienne église, devenue alors trop petite pour contenir le concours immense de personnes que la dévotion ou la curiosité y attiroient les jours de cérémonies. L'abbé Suger fit d'abord abattre une espèce de porche en saillie, d'un style lourd, qui étoit au-devant du grand portail, et que Charlemagne, par respect pour la mémoire de Pépin son père, avoit fait élever sur sa sépulture (1).

---

(1) Suivant ses dispositions testamentaires, Pépin-le-Bref avoit demandé à être inhumé au-devant de la principale porte de l'église de Saint-Denis, non sur le dos, selon l'usage, mais couché sur le ventre, par humilité, et *pour expier*, disoit-il, les péchés de Charles-Martel son père, qui avoit encouru les anathèmes du Clergé pour s'être emparé de ses biens, afin de subvenir aux besoins de la guerre et de chasser les Sarrazins de la France, alors menacée d'être envahie par ces barbares. Il paroît qu'à l'époque où le grand portail fut reconstruit par les soins de Suger, ce respectable abbé fit replacer le tombeau de Pépin dans le lieu où il l'avoit trouvé; le fait suivant va le prouver. Le 24 juillet 1812, en fouillant pour faire le massif d'un nouveau perron au-dehors du portail de cette église, à un peu plus de trois pieds en avant de la principale porte d'entrée, et à un pied environ de profondeur, on

Après avoir fait démolir l'ancienne église, dont la façade étoit surmontée de deux grosses tours fort basses, avec une seule porte pour entrer dans l'intérieur, Suger fit construire le portail et les deux tours que l'on voit aujourd'hui (1). Sur l'une de ces tours, c'est-à-dire celle du côté du nord, on éleva une pyramide en charpente, au sommet de laquelle fut placée une croix en fer, surmontée d'un coq

---

a trouvé un cercueil en pierre de Vergelé, long de six pieds, sur à peu près deux pieds de hauteur, creusé, dans toute sa longueur, d'environ un pied de profondeur ; et, ce qu'il y a de particulier, c'est qu'on a fait, dans la partie supérieure, une entaille juste pour y placer la tête du cadavre. La pierre tumulaire qui le recouvroit, brisée par les coups de pioche des ouvriers, ne contenoit aucune inscription ni aucune marque qui puisse indiquer à qui ce tombeau appartenoit. On n'a trouvé dans l'intérieur de ce cercueil que quelques ossemens, dont il eût été important de vérifier la position respective avant de les remuer, afin de s'assurer si véritablement ce cadavre avoit la face tournée contre terre : alors il ne resteroit plus aucun doute que ce tombeau eût été celui de Pépin-le-Bref ; car il faut observer que l'effigie de ce prince, que l'on voyoit autrefois dans le chœur de cette église (et qui est actuellement au Musée des monumens français), n'étoit qu'un simple cénotaphe érigé à sa mémoire par saint Louis en 1264, époque à laquelle les corps des rois et des reines de la seconde race furent transportés par ses ordres au côté droit du chœur, où l'on voyoit leurs effigies avant 1793. Il est probable que sous saint Louis on avoit perdu de vue le vrai lieu de la sépulture de Pépin, puisqu'elle resta intacte. C'est par la même raison que, lorsqu'en 1793 on a dissipé les cendres des rois et violé leurs tombeaux, on n'a pas même soupçonné l'existence de celui-ci. M. Brial, l'un des derniers savans de cet ordre qui a tant éclairé les antiquités du *moyen âge*, a lu, à la classe d'histoire et de littérature ancienne de l'Institut, un mémoire curieux sur cette découverte, d'où nous avons extrait ce qui vient d'être dit. Voyez le Rapport sur les travaux de la troisième classe ; juillet 1812.

(1) *Histoire de l'abbé Suger*, par dom Gervaise, tom. III, liv. V, pag. 45, et 46.

doré (1). Les habitans de la ville de Saint-Denys fournirent alors la somme de deux cents livres à Suger, pour l'achèvement de ce portail, commencé en 1137. Les créneaux qui surmontent la partie inférieure de la façade, et les deux côtés en retour d'équerre, paroissent, d'après leur structure, avoir été ajoutés dans des temps postérieurs pour servir à la défense de l'abbaye, et probablement à l'époque où la France étoit menacée de l'invasion des Anglais. Ce qui confirme cette opinion, c'est qu'après la malheureuse bataille de Poitiers, où le roi Jean, victime de sa témérité, fut fait prisonnier, les religieux travaillèrent à fortifier leur église de murs et de fossés. Le dauphin Charles V, alors régent du royaume, leur permit, en 1358, d'abattre à cet effet plusieurs maisons voisines (2). Cependant, si ces espèces de fortifications ne sont pas de cette époque, elles auront été vraisemblablement construites sous l'abbé Guy de Monceau, c'est-à-dire entre les années 1363 et 1398. Son épitaphe semble l'indiquer par ces mots : *In turribus E. fortaliciis cœnobium istud augmentavit* (3).

---

(1) Félibien, *Histoire de Saint-Denys*, liv. IV, pag. 221.
(2) Doublet, *Antiquités et recherches de l'abbaye de Saint-Denys*, liv. III, pag. 994.
(3) Lebeuf, *Histoire du diocèse de Paris*, tom. III, p. 183.

L'abbé Suger fit faire deux portes, dont les vantaux furent recouverts de bas-reliefs en bronze représentant différens sujets du Nouveau-Testament. L'une fut placée au grand portail du milieu, et l'autre à celui qui est dessous la tour méridionale. La porte donnée sous Charlemagne, par le moine Airard, fut conservée et placée à l'entrée sous la tour septentrionale.

Le grand portail et la nef étant achevés, Suger fit élever le chœur; et, pour donner plus d'étendue à son église, il y ajouta deux ailes ou bas-côtés, l'une à droite et l'autre à gauche, vis-à-vis les deux portes latérales de la façade; puis il les orna de chapelles (1). On croit qu'il conduisit lui-même les travaux de cette grande construction, du moins le fait suivant semble le prouver : Lorsqu'il fallut couvrir la partie de cet édifice qui avoit été nouvellement bâtie pour la joindre à la nef, Suger se transporta lui-même dans la forêt de Chevreuse, pour y faire la coupe des bois nécessaires à la construction des combles de son église (2)

Cet édifice étant déjà fort avancé, l'abbé

---

(1) Gervaise, *Histoire de l'abbé Suger*, tom. III, liv. VI, pag. 46 et 47.

(2) Dans les onzième, douzième et treizième siècles, plusieurs abbés et même des évêques se sont fait honneur de passer pour les architectes et les ordonnateurs des églises qu'ils ont cons-

Suger invita plusieurs évêques de France à venir en faire la dédicace. Ces prélats et toutes les personnes de qualité qui se trouvèrent à cette cérémonie, furent si satisfaits de ce premier travail, qu'ils exhortèrent cet abbé à terminer ce qu'il avoit si bien commencé. Suger, encouragé par les éloges qu'il venoit de recevoir de ces prélats, et ne voulant rien épargner pour donner à son église toute la magnificence dont elle étoit susceptible, avoit conçu le dessein de faire apporter d'Italie des colonnes en marbre; mais, contre son espérance, on découvrit de très-belles pierres dans une carrière près de Pontoise, où jusqu'alors on n'en n'avoit tiré que de très-communes. Suger fit alors édifier la partie supérieure, appelée *chevet*, sur les anciens fondemens de l'église (bâtie par Pépin et Charlemagne), qui furent conservés avec les chapelles souterraines. Louis VII, d'après l'invitation de Suger, posa la première pierre de cette partie de l'édifice. A son exemple, les évêques, ainsi que l'abbé de Saint-

---

truites, à l'exemple des prêtres de l'ancienne loi, qui firent bâtir et embellir le temple de Jérusalem. Dans ces temps d'ignorance et de grossièreté, où les sciences et les arts étoient en quelque sorte relégués dans les cloîtres, plusieurs religieux se qualifioient du titre de *cœmentarii*, qui alors étoit synonyme avec celui d'architecte. Les architectes eux-mêmes prenoient le titre de *maçons*. Voyez *la Vie et les ouvrages des plus célèbres architectes*, par J. F. Félibien, pag. 193 et 228.

Denys, en posèrent également une, au rapport de frère Guillaume (1), qui ajoute que lorsqu'on en fut à ces paroles de la bénédiction d'une église : *Lapides pretiosi omnes muri tui et turres, Jerusalem, gemmis ædificabuntur.* « Tous tes murs, ô Jérusalem ! ne sont que de pierres précieuses (2) », le Roi, qui mettoit ordinairement beaucoup de magnificence dans ses actions, ôta de son doigt un anneau d'un grand prix, et le jeta dans les fondemens : quelques-uns des assistans en firent de même (3). Cette cérémonie eut lieu le 14 juillet de l'an 1140.

La présence du Roi, ainsi que celle des évêques, animèrent l'abbé Suger d'un zèle louable pour l'achèvement de son église; et, dans la crainte que l'on cessât d'y travailler après sa mort, il destina deux cents livres de rente (somme considérable en ce temps (4)) pour être employées à cet ouvrage. Mais cette précaution fut en quelque sorte inutile ; car Suger, qui depuis

---

(1) Secrétaire de l'abbé Suger, et auteur du livre de la dédicace de cette église. Voyez les *Preuves de l'Histoire de l'abbaye de Saint-Denys*, partie 2, nos. 3 et 4.

(2) Dom Millet, *Trésor sacré*, ou *Inventaire des saintes reliques de l'église de Saint-Denys*, p. 25.

(3) Gervaise, *Histoire de l'abbé Suger*, tom. III, liv. VI, pag. 50 et 51.

(4) Ce qui reviendroit aujourd'hui à la somme de 10,000 fr. Leblanc, *Traité historique des Monnoies*, pag. 162 et 163.

sept ans faisoit travailler sans relâche à la construction de cet édifice, eut enfin la satisfaction de le voir terminer. Le chevet ou rond-point venoit d'être achevé, et se trouvoit en état de recevoir la bénédiction. Cette cérémonie, à laquelle assistèrent Louis VII et plusieurs évêques de France, se fit le 11 juin de l'an 1144. Enfin, Suger n'épargna rien pour enrichir l'église de Saint-Denys de tout ce que les arts pouvoient produire de plus admirable. Selon l'historien Guillaume, son secrétaire, il fit venir de divers endroits du royaume les artistes les plus habiles en tous genres, architectes, peintres, sculpteurs, charpentiers, fondeurs, orfévres et vitriers. Tous contribuèrent à la décoration de cet édifice. Mais celle à laquelle Suger parut attacher plus d'importance, fut la peinture sur verre, qui trouva dans sa munificence un noble sujet d'encouragement. Selon Doublet (1), cet abbé fit venir des pays étrangers des *faiseurs de vitres et des compositeurs de verre*, pour travailler aux vitraux de son église. Indépendamment des sujets de l'Ancien et du Nouveau-Testament, ces artistes y représentèrent, par l'ordre de Suger, les principaux événemens de la première croisade. Cet abbé pourvut

---

(1) *Antiquités et recherches de l'abbaye de Saint-Denys*, pag. 242, 246, 247 et 285.

même à la conservation des objets d'art qu'il avait fait faire, en destinant un revenu fixe pour le traitement de deux artistes, dont l'un seroit chargé du soin d'entretenir les vitres, et l'autre les ornemens d'or et d'argent (1).

Ce qui reste aujourd'hui de ce temple, élevé avec tant de magnificence, consiste d'abord dans le grand portail et les deux tours (à l'exception de la pyramide en pierre), avec les deux premières arcades de la nef, contiguës à la façade; ensuite le bas de la façade du côté du septentrion; puis les dix piliers et les arcades du pourtour du chœur, ainsi que les bas-côtés et les chapelles qui l'environnent, dont la construction est incontestablement du temps de Suger (2). Je n'y comprends pas les deux premières arcades du chœur, parce qu'elles sont d'une époque beaucoup moins ancienne. Cette différence se fait apercevoir dans la structure des

---

(1) Voyez le livre de l'Administration abbatiale de Suger, publié dans le *Recueil des historiens des Gaules*, tom. XII, pag. 96 et suivantes. Ce recueil précieux des monumens de notre histoire a été commencé par dom Bouquet, et continué par dom Poirier, dom Clément, dom Druon, et dom Brial, qui s'occupe en ce moment de la publication des Historiens du règne de Philippe-Auguste.

(2) Avant l'année 1799, on voyoit dans l'ancienne chapelle de la Vierge, située au fond du rond-point du chœur, un vitrage de 1140, sur lequel étoit représenté l'abbé Suger prosterné aux pieds de la Vierge, et tenant une crosse, avec cette inscription au-dessous : *Sugerius abbas*.

voûtes construites en 1140, qui sont plus basses et d'un style plus lourd que celles des deux premières travées du chœur, dont la bâtisse date de 1231, comme nous le verrons bientôt.

Il est probable que le dernier édifice élevé par Suger fut, selon toute apparence, construit avec trop de précipitation; car un siècle s'étoit à peine écoulé, qu'il menaçoit déjà ruine. L'abbé Eudes Clément conçut alors le projet de le reconstruire dans de meilleures proportions qu'auparavant. Saint-Louis et la reine Blanche de Castille, sa mère, furent les premiers à l'engager dans cette entreprise, et contribuèrent à une partie de la dépense; car à cette époque les revenus de l'abbaye de Saint-Denys n'auroient pu suffire aux frais d'un édifice de l'étendue et de la beauté de celui-ci. C'est pourquoi l'on voyoit, avant l'année 1793, dans plusieurs endroits de cette basilique, notamment sur les vitraux et sur quelques marche-pieds des autels du chevet, les armes de Castille accolées à celles de France. Ce nouvel édifice (selon le témoignage de Guillaume de Nangis, auteur de la *Vie de Saint-Louis*) fut commencé en 1231. Ce fait est confirmé par le moine anonyme, auteur de la *Petite Chronique de Saint-Denys,* lequel assure pareillement qu'en la même année 1231, l'abbé Eudes Clément fit construire le chevet de l'église, et poussa son entreprise jusqu'à l'entrée du chœur. Le même auteur ajoute que cet édifice ne fut entièrement achevé qu'en 1281, sous le règne de Philippe IV, dit *le Bel*, par les soins de l'abbé Mathieu de Vendôme, qui jouissoit alors d'une grande considération à la cour, après avoir été ministre et régent du royaume pendant la seconde croisade de Saint-Louis, en 1270 (1).

La différence assez remarquable qui se fait apercevoir entre la structure du chœur et celle de la nef, prouve que ces deux parties appartiennent à des époques éloignées l'une de l'autre. Le chœur, quoique d'une construction aussi hardie que celle de la nef et de la croisée, présente néanmoins à l'extérieur, et particulièrement dans les piliers butans qui l'environnent, beaucoup plus de parties lisses que la nef, dont les murs qui reçoivent la retombée des arc-boutans sont décorés de niches et de colonnes surmontées de pyramides très-délicatement travaillées, qui en dissimulent pour ainsi dire les masses. Eudes Clément voulant conserver le bas du chœur, élevé par l'abbé Suger, obligea l'architecte, chargé de cette construction, de faire faire un léger coude aux deux premières arcades

---

(1) Félibien, *Histoire de Saint-Denys*, preuves, 2e. partie, no. VII; pag. CCIII et CCIV.

de l'entrée principale du chœur, afin que la largeur de ce temple se trouvât en proportion avec sa longueur et sa hauteur; au lieu que si l'on eût suivi l'alignement de l'ancien chœur, cette église auroit été beaucoup trop étroite. Voilà ce qui a donné lieu à ce biais si disparate qui se fait apercevoir dans les deux premières travées des faces latérales de l'entrée du chœur, dont l'étendue est beaucoup trop petite, proportionnellement à celle de la nef.

La pyramide en charpente, couverte en plomb, que l'abbé Suger avoit fait élever sur la tour septentrionale, ayant été consumée par la foudre en 1219, l'abbé Eudes Clément fit construire celle que l'on voit actuellement, qui est d'une structure élégante et hardie. L'autre tour devoit être probablement surmontée d'une pyramide semblable à cette dernière; mais l'histoire de cette abbaye ne fait pas mention qu'elle eût été autrement couverte que par un comble en charpente.

Les chapelles de la nef, du côté du nord, si l'on en juge par leur structure, paroissent avoir été pratiquées entre les piliers butans, quelque temps après la construction de l'église; car la disposition des ogives et le peu de liaison qu'elles ont avec celles du bas-côté, prouvent qu'elles n'entrèrent pas d'abord dans le plan général conçu par l'architecte de ce temple, dont le nom ne

2 *

nous est pas parvenu. La chapelle de Saint-Jean Baptiste, dite de Charles v (la première en entrant sous le bas-côté du chœur, à droite), fut bâtie en 1373, aux dépens de ce prince, pour lui servir de sépulture ainsi qu'à sa famille. La structure de cette chapelle indique que sa construction appartient à une époque postérieure à celle de l'église : la forme des trèfles et des ornemens se rapproche du style *mauresque*, qui étoit en usage dans les quatorzième et quinzième siècles. La clef de la voûte de cette chapelle se fait remarquer par la délicatesse de ses ornemens ; elle représente la Vierge auprès de son fils ; plusieurs anges l'environnent et célèbrent sa gloire et son triomphe au son des instrumens de musique.

Au-dessus du renfoncement sur lequel étoit placé le buffet d'orgue, il existe une voûte qui paroît avoir été reconstruite vers la même époque que la chapelle de Charles v, c'est-à-dire à celle où l'on fut obligé d'établir des créneaux autour de la partie inférieure de la façade principale, lorsque l'on fortifia l'abbaye, en 1358 (1). La clef de cette voûte est ornée d'un écusson couronné, sur lequel sont sculptées les anciennes armes de l'abbaye de Saint-Denys,

---

(1) Voyez ci-dessus page 13.

ce qui prouve qu'elle a été rebâtie aux dépens du monastère (1).

Enfin la structure hardie et svelte de ce bel édifice prouve que si, à l'époque où il fut construit, l'on avoit totalement oublié les règles de l'architecture grecque et romaine, on étoit encore parfaitement instruit de ce qui en fait la science; car où trouver, dans aucun monument de ce genre, plus de délicatesse et de légèreté jointes à une solidité éprouvée par plus de cinq siècles.

Cependant, malgré l'admiration qu'on éprouve en voyant l'élégante structure de cette église, on ne peut se dissimuler que, considérée dans ses détails, elle présente les défauts que l'on remarque assez ordinairement dans les édifices construits à diverses reprises, ou qui ont été rebâtis plusieurs fois, et dans lesquels il reste toujours quelque chose des anciennes constructions. Je crois trouver la cause des irrégularités de son ordonnance dans le respect dont on a souvent peine à se défendre, pour ce qui reste d'un ancien monument auquel on attache quelque souvenir important (2);

---

(1) Ces armes sont composées d'un écu semé de trois fleurs-delis, au centre desquelles est figuré l'un des clous qui servirent à attacher Jésus-Christ sur la croix. La représentation de ce clou dans ces armes, rappeloit que l'abbaye de Saint-Denys possédoit parmi ses reliques cet instrument de la passion, qui lui avoit été donné par Charles-le-Chauve vers l'an 870. Voyez l'*Histoire de Saint-Denys*, liv. II, pag. 97.

(2) Cela est si vrai que l'abbé Suger, par une crédulité su-

ou enfin le désir de surpasser en magnificence ceux qui vous ont précédés dans la même entreprise, met souvent dans l'impossibilité d'achever les travaux d'un grand édifice, par le manque de fonds nécessaires, ou par la mort imprévue de l'architecte chargé de sa construction. Tels sont les motifs qui s'opposent toujours à l'unité de plan dans les ouvrages d'architecture souvent achevés par ceux qui ne les ont point commencés.

Il résulte de l'état actuel de cette basilique, bâtie à diverses reprises, qu'elle présente dans son ensemble cinq époques différentes de l'architecture du *moyen âge*; savoir, la première en 775, la deuxième en 1140, la troisième en 1231, la quatrième en 1281, et la cinquième en 1373. Nous avons cru devoir entrer dans tous les détails qui concernent chacune de ces époques, afin d'en établir la distinction, non-seulement d'après la connoissance de cette manière de construire, mais encore par des preuves historiques dont nous avons in-

---

perstitieuse que l'on ne peut voir sans étonnement dans un homme que son esprit et ses lumières devoient affranchir des préjugés de son siècle, voulut conserver une partie des anciennes murailles de l'église bâtie par Dagobert, parce que l'on croyoit de son temps qu'elle avoit été consacrée par Jésus-Christ. C'est le même scrupule qui mit quelques obstacles dans la résolution que prit l'abbé Eudes Clément, en 1231, de rebâtir l'église de Saint-Denys. *Histoire de Saint-Denys*, par dom Félibien, liv. IV, pag. 173, et liv. V, pag. 227.

diqué la source; cette partie de notre travail devenoit d'autant plus nécessaire, qu'elle n'avait pas encore été traitée dans aucun des ouvrages publiés sur cette célèbre église.

Quoique dépouillée de son antique splendeur, elle rappellera toujours les plus grands et les plus touchans souvenirs de la monarchie française. C'est dans l'église de Saint-Denys que les rois de France venoient prendre cette ancienne bannière, connue sous le nom de l'*Oriflamme*, lorsqu'ils se préparoient à quelque grande expédition (1).

---

(1) L'*Oriflamme* étoit originairement la bannière militaire de l'abbaye de Saint-Denys. Cette expression ne surprendra pas lorsqu'on saura que ce monastère étoit en droit de faire armer ses vassaux pour défendre ses terres. Comme l'abbé, par rapport à son état, ne pouvoit se mettre à leur tête, il remettoit son étendard et cédoit le commandement de ses troupes au comte du Vexin, qui devenoit alors le protecteur de son église. Lorsque le Vexin fut réuni à la couronne, en 1088, par Philippe Ier., les rois de France continuèrent à l'abbaye la protection spéciale qu'ils lui devoient en cette qualité. Pour donner des marques de leur respect et de leur vénération envers l'apôtre de la France, ces mêmes monarques venoient à Saint-Denys prendre l'*Oriflamme* des mains de l'abbé, et la donnoient à porter, dans toutes les guerres qu'ils entreprenoient, à un preux chevalier, qui faisoit serment de la conserver et de la rapporter au même lieu. Cette bannière étoit alors considérée comme le *palladium* auquel étoit attachée la victoire. Depuis Louis VI, dit le Gros, jusqu'à Charles VII, on la voit à la tête de nos armées. A dater de ce règne, il ne paroît pas que les rois de France l'aient fait porter dans leurs troupes, la cornette blanche étant devenue, sous ce Roi, la principale bannière de France. L'*Oriflamme* fut conservée encore long-temps après dans l'église de Saint-Denys, car il en est fait mention dans deux inventaires du trésor, dont l'un est de 1534, et l'autre de 1594. Cette *Oriflamme*, absolument semblable aux bannières de nos églises, étoit de taffetas rouge à trois

Cette église, devenue, par une longue suite d'années, la sépulture ordinaire de plusieurs rois de la première et de la seconde race, et de presque tous ceux de la troisième, depuis Hugues Capet jusqu'à Louis XVI inclusivement, après avoir été comblée de leurs libéralités, fut dépouillée, en 1793, de toutes les richesses accumulées dans son enceinte durant l'espace de près de douze siècles ; peu s'en fallut même qu'à cette époque si funeste à la religion et aux arts, que ce monument, chancelant pour ainsi dire sur ses fondemens, ne fût renversé de fond en comble par la hache des révolutionnaires. Privé de sa couverture en plomb en 1794, et de ses magnifiques vitraux peints en 1799, il fut exposé aux injures de l'air et aux intempéries des saisons, auxquelles il résista pendant près de douze ans. Dans cet intervalle, la nef fut couverte en tuiles (1); et M. Petit-Radel, alors architecte-inspecteur des monumens publics de Paris, dans la vue de préserver cet édifice d'une ruine totale, présenta un projet dont le but ten-

---

pointes garnies de houpes vertes sans franges d'or, et suspendue à une lance dorée. Voyez Félibien, *Histoire de Saint-Denys*, pag. 154, 155 et 335, ainsi que les *Dissertations* de Bullet sur *différens sujets de l'histoire de France*. Besançon, 1759. *Dissertation sur l'Oriflamme*, pag. 170 et suivantes.

(1) En 1796, les événemens survenus à la suite du 18 fructidor an V (1797), empêchèrent alors de couvrir le reste de l'église. (*Mémoires manuscrits* communiqués par M. Gautier.)

doit également à sa conservation et à l'utilité publique (1). En 1804, le ministre de l'intérieur, accompagné du préfet du département de la Seine, visita l'église de Saint-Denys; et, l'année suivante, M. Legrand, architecte des monumens publics de Paris, fut chargé par le ministre de sa restauration. L'on vit alors reparoître avec un nouvel éclat ce sanctuaire révéré depuis tant de siècles, et illustré par les dépouilles mortelles de tant de monarques français. M. Legrand faisoit travailler avec activité à ses embellissemens, lorsqu'une mort prématurée ravit à cet artiste recommandable la gloire de rendre à la France un de ses plus beaux monumens (2). La conduite des travaux fut alors confiée à feu M. Célérier, architecte, qui les dirigea jusqu'en 1813, époque à laquelle on le nomma membre du conseil des bâtimens civils de Paris (3). Il fut remplacé par M. Debret, architecte, actuellement chargé de l'achèvement des travaux de restauration de cette église.

---

(1) Il s'agissoit alors d'y établir un marché. (*Description du Musée des Monumens français*, par M. Alexandre Lenoir, tom. 1, pag. 216 et 217.)

(2) M. Legrand mourut à Saint-Denys le 10 novembre 1808. Voyez la *Notice bibliographique* de cet architecte, en tête de son *Essai sur l'histoire générale de l'architecture*, publiée par C. P. Landon en 1809.

(3) M. Célérier est mort le 28 mars 1814, d'une attaque d'apoplexie.

L'extérieur et l'intérieur ont été restaurés avec le plus grand soin.* On voit avec satisfaction que les architectes qui se sont succédés dans la conduite de ces travaux, ont scrupuleusement suivi le système d'unité dans les constructions qu'on y a ajoutées, comme dans la restauration des ornemens que l'injure du temps ou le vandalisme révolutionnaire avoient détruits. Tout a été assujetti au style de ce monument auquel ces artistes éclairés ont su conserver son caractère primitif. Les arc-boutans, les galeries, les piliers et les voûtes ont été repris en sous-œuvre et rejointoyés en totalité. Des tuyaux en fonte ont été établis partout, afin de faciliter l'écoulement des eaux pluviales. Les combles en charpente, refaits sous la conduite de feu M. Legrand, ont été couverts en ardoise ; mais comme l'on a visé à l'économie de ce côté, en employant les vieux bois à la reconstruction du grand comble, cet architecte s'est vu dans la nécessité d'en diminuer la hauteur ; d'où il résulte que les trois pignons des extrémités de la toiture, qui l'excèdent de beaucoup, ont perdu, par cette disposition, un point d'appui nécessaire ; et les combles, cette élévation qui convenoit si bien auparavant dans cet édifice, où le système pyramidal domine presque partout.

Afin de mettre le lecteur à même de parcourir successivement les détails de cette église, je diviserai sa description en deux parties; savoir: extérieur et intérieur.

EXTÉRIEUR DE L'ÉGLISE.

La façade principale présente, dans son ensemble et dans ses détails, une grande simplicité qui n'est rachetée que par la belle pyramide et les clochetons en pierre dont la tour septentrionale est surmontée; leur structure hardie et délicate contraste d'une manière fort heureuse avec le lisse des murs et des contre-forts. La hauteur du grand clocher est de 277 pieds; celle de la tour, située à l'opposite, est de 180 pieds. La façade a de largeur, en y comprenant les contre-forts des deux faces latérales, 104 pieds, et, sans les contre-forts, 90 pieds (1). On a construit, au-devant et dans toute la longueur du portail, un perron composé de sept marches en granit de Cherbourg (2). Cette façade est

---

(1) Ce portail, déjà gravé, se trouve dans une très-jolie collection de vues de Paris, dessinées et gravées par Martinet, pour la Description de cette ville, publiée par Béghillet en 1779. Il n'a paru que trois volumes de cet ouvrage, qui est dédié à Louis XVI.

(2) En 1771, on abattit un mur qui servoit d'enceinte à un parvis pratiqué au-devant de cette façade. Au centre du mur se voyoit une porte dont les vantaux étoient ornés de panneaux à lozanges taillés en pointe de diamant et garnis de gros clous. Cette porte correspondoit à celle du milieu de la façade. Ce mur d'enceinte fut remplacé par une suite de bornes en pierre, garnies

percée dans le bas par trois grandes portes pratiquées sous des voussures de forme ogive surbaissée. Sur le cintre ou tympan de celle du milieu, est un grand bas-relief représentant Jésus-Christ dans la gloire au milieu des anges et des saints distribués dans le contour de la voussure, et dont la plupart tiennent divers instrumens de musique, avec lesquels ils paroissent célébrer sa grandeur et sa puissance (1). La tête du Christ a été cassée, et quelques-unes des figures qui décorent les arceaux de la voussure ont souffert plusieurs mutilations pendant la révolution. Dans la partie la plus élevée du contour de l'arc, se voit Dieu *le Père*, dont la tête est appuyée sur une espèce de nimbe ou auréole orné d'une

---

de barres de fer. Elles ont été supprimées pendant la révolution. Il paroît, au rapport de Doublet (*Histoire de Saint-Denys*, liv. 1er., pag. 284), que les religieux s'étant trouvés dans la nécessité de mettre leur abbaye en état de défense, vers l'an 1350, ils avoient fait pratiquer, autour de l'église et du monastère, un large fossé rempli d'eau, que l'on ne pouvoit traverser que par le moyen de deux ponts-levis, dont l'un étoit à l'entrée du parvis, vis-à-vis la principale porte de l'église, et l'autre à l'entrée du monastère, qui étoit flanquée de deux grosses tours rondes, avec une porte en ogive sur le côté, selon la gravure exécutée par Martinet. Ces deux tours, près desquelles on voyoit encore les restes de l'ancien fossé, furent démolies en 1778, pour la construction de la nouvelle porte de la maison conventuelle, qui est actuellement occupée par les demoiselles, filles des membres de la légion d'honneur.

(1) Plusieurs de ces instrumens de musique ont été dessinés et gravés par M. Willemin, et se trouvent dans son bel ouvrage intitulé : *Monumens français inédits*, etc.

croix grecque; plus haut on aperçoit l'agneau pascal. Le chambranle de la porte est orné de sculptures; sur les deux jambages est représentée la parabole du royaume des cieux, figurée par les dix vierges invitées à la noce; savoir: du côté droit, les cinq vierges sages tenant leurs lampes droites et pleines, et, du côté gauche, les cinq vierges folles qui les tiennent renversées. Le sculpteur a manqué ici d'exactitude, car il n'en n'a représenté que quatre de chaque côté. On doit remarquer la richesse de leurs costumes. Sur le linteau qui forme l'encadrement de la porte, est sculptée la résurrection générale. La porte principale a 10 pieds 6 pouces de largeur sur 15 pieds 6 pouces de hauteur. Avant l'année 1794, les deux vantaux de cette porte étoient décorés de bas-reliefs en bronze représentant les principaux traits de la Vie de Jésus-Christ; une petite figure de l'abbé Suger, placée dans l'un de ces bas-reliefs, rappeloit que cette porte étoit un des restes de sa munificence envers cette église (1). Il existoit autrefois au centre un pilier ou trumeau en pierre, sur lequel étoit une statue représentant saint Denys; il fut supprimé en 1771 (2),

---

(1) Félibien, *Histoire de Saint-Denys*, partie descriptive page 534.

(2) La suppression de ce pilier fut faite pour faciliter le passage du dais à la procession du jour de la fête de Dieu. (*Mémoires manuscrits* communiqués par M. Gautier.)

et remplacé par un pilastre en cuivre adhérant à l'un des vantaux de la porte; il a été enlevé avec les bronzes de cette porte en 1794.

Les deux portails latéraux de cette façade sont ornés de bas-reliefs représentant plusieurs circonstances du martyre de saint Denys. L'un, à droite, dessous la tour méridionale, représente Jésus-Christ, accompagné de plusieurs anges, qui apparoît à ce saint dans sa prison, lorsqu'il célébroit les saints mystères avec ses deux compagnons, Rustique et Eleuthère. Au-dessous de ce bas-relief, sur les deux jambages de la porte, est une suite de petits bas-reliefs encadrés dans des ornemens circulaires, liés par des têtes de lion, et représentant les travaux de la campagne pendant les douze mois de l'année (1). Il faut observer que le sculpteur n'a suivi aucun ordre dans la suc-

---

(1) D'après la lettre de M. Legentil (insérée dans le *Journal de France* du jeudi 6 avril 1786), il paroît que les architectes de ces temps reculés étoient dans l'usage de représenter les douze signes du zodiaque sous la figure des travaux de la campagne, à l'entrée des églises qu'ils construisoient, usage qu'ils paroissent tenir des Indiens, dont la coutume étoit de sculpter un zodiaque de cette espèce sur les murs de leurs temples ou *pagodes*, ce qui achève de convaincre cet académicien que le zodiaque a été considéré chez tous les peuples comme un calendrier rural, c'est-à-dire lié avec les travaux de la campagne. L'un des monumens les plus curieux que l'on puisse consulter en ce genre, est celui qui se voit sous le portail de la tour septentrionale de l'église Notre-Dame de Paris, autour du chambranle de la porte. Voyez *Mémoire sur les bas-reliefs de Notre-Dame*, par M. Fauris de Saint-Vincens, inséré dans le Magasin encyclopédique, septembre 1815.

cession des mois de ce calendrier rural qui est disposé de la manière suivante, en commençant par la droite du portail.

1°. Un paysan occupé à faire la moisson.

2°. Un autre homme qui bat en grange.

3°. Deux hommes, l'un, vêtu d'un manteau, est à cheval sur une grande tonne; il aide son compagnon à la remplir avec un vase à deux anses, ce qui exprime la vendange.

4°. Un paysan, armé d'un bâton, qui abat le gland que des pourceaux mangent au pied de l'arbre.

5°. Un boucher dépéçant des pourceaux, dont un tout entier est suspendu à un arbre.

6°. Un vieillard assis devant une table à trois pieds, couverte d'une nappe, ayant les mains jointes au-dessus d'un vase. Un serviteur, debout derrière lui, paroît lui apporter un plat d'alimens : on voit sur la table trois petits pains carrés. Dans l'angle de la chambre se voit une cheminée, terminée en cône.

7°. Un homme occupé à faucher un pré.

8°. Un voyageur avec un cheval, tenant une espèce de bourdon à la main.

9°. Un homme plantant des ceps de vignes.

10°. Deux hommes occupés à tailler des arbres; l'un est coiffé d'un capuchon semblable à celui d'un moine.

11°. Un homme et une femme assis sur des sièges à dossiers : la femme tient un livre et fait la lecture pendant que l'homme, avec de grosses pinces, paroît retourner les charbons placés sur un foyer entre l'homme et la femme.

12°. Ce dernier médaillon représente Janus, tenant du gibier, qu'il paroît mettre en réserve dans deux maisons, dont la construction, en forme de tour ronde, est parfaitement semblable à celle des premières habitations des Gaulois.

Le bas-relief du portail qui est dessous le grand clocher, a été refait en 1771. Il représente saint Denys sortant de sa prison avec ses deux compagnons, Rustique et Eleuthère : on les conduit au supplice. Sur la droite est un échafaud. Sur les deux jambages de la porte, au-dessous de ce bas-relief, sont sculptés, dans une suite de petits cadres, les signes du zodiaque, au nombre de neuf; les signes manquans sont la *vierge*, le *lion*, et le *cancer*. Les deux portes latérales ont chacune environ 7 pieds 6 pouces de largeur, sur 12 pieds de hauteur. Les vantaux de ces deux portes étoient revêtus en bronze enrichi d'ornemens vermicellés. En 1794 on enleva le bronze de ces portes.

Lors des réparations faites à cette façade, en 1770, on supprima de grandes statues de rois et de reines qui décoroient les côtés des trois portails (1). Ces statues, placées sur les piédestaux des colonnes, en forme de caryatides, avoient été disposées de la manière suivante : Six au portail à gauche en entrant, huit à celui du milieu, et six au troisième. Cela faisoit une totalité de vingt figures, parmi lesquelles on distinguoit seize rois et quatre reines. Immédiatement au-dessus

---

(1) Il est étonnant qu'une communauté aussi recommandable que l'étoit celle des bénédictins de Saint-Denys, qui renfermoit dans son sein un grand nombre de savans distingués, ait pu permettre qu'on détruisît ces statues, dont la conservation devenoit non-seulement importante pour l'histoire de cette abbaye, mais encore pour celle du *moyen âge*, et, sous ce rapport, elles devoient particulièrement fixer l'attention d'un ordre qui a consacré tant de veilles à en éclaircir l'histoire. Enfin le souvenir de ces précieux monumens, et de tant d'autres, détruits par le vandalisme révolutionnaire, auroit été totalement perdu pour l'histoire, si le savant père Montfaucon n'avoit pris le soin de les publier, dans ses *Monumens de la Monarchie française*. Voyez tom. 1, pag. 194. Montfaucon, plus recommandable sous le rapport de son érudition que par ses connoissances dans les arts, ne doit cependant être consulté qu'avec beaucoup de circonspection.

de ces trois portails sont trois fenêtres qui éclairent les parties intérieures de l'église. Plus haut, et sur deux lignes parallèles, sont à chaque tour deux fausses fenêtres dont le bas est vitré (1). Sur le centre de la façade est un vitrage en forme de *rose*, autour duquel on a tracé un cadran (2). Dans un cabinet pratiqué derrière cette rose, on a placé le mécanisme de l'horloge, restaurée en 1808 par M. Lepaute, célèbre horloger. Enfin cette façade est surmontée de deux tours carrées, au bas desquelles règne une galerie bordée d'un parapet crénelé, dont nous avons indiqué l'origine (3). Avant l'année 1793 (époque à laquelle on a exercé la plus horrible dévastation dans cette église), il existoit dans la tour méridionale deux grosses cloches, vulgairement appelées *bourdons* (4). La plus grosse, la seule conservée, fut donnée par le roi Charles v, en 1372, et nommée *Charles*.

---

(1) L'une de ces fenêtres éclaire l'ancien logement de l'organiste de cette église, situé dans la tour méridionale.

(2) Doublet parle de ce cadran qui, de son temps, étoit divisé en vingt-quatre heures. *Histoire de Saint-Denys*, liv. I, p. 239.

(3) Voyez ci-dessus, pag. 13.

(4) *Bourdon*, nom d'un jeu de l'orgue pour indiquer le ton bas, comme *faux-bourdon* se dit pour une sorte de musique qui se chante note contre note. C'est pourquoi on nomme les petites cloches *squilles* ou *scilles*, selon Pierre-le-*Vénérable*, abbé de Cluny, lib. I, *de Mirac.*, qui dit : *A priore secundùm morem, uno ictu scilla percussa est*. Magri tire l'étymologie du mot *squille*, du grec σχίλλα. Voyez Du Cange, *Gloss. à Med. et infimæ Lat.*

Antoine de La Haye, vingt-huitième abbé de Saint-Denys, la fit refondre en 1503. Cette cloche ayant été cassée par accident, fut refondue pour la troisième fois, le 20 juillet 1758, dans l'une des cours de l'abbaye, par les sieurs Gaudiveau, Brocard et Desprez, habiles fondeurs. On y mit l'inscription suivante : *Ludovicus vocor, Carolus* v *me fecit, Ludovicus* xv *refecit* 1758. Elle pèse environ quatorze mille livres; son diamètre est de 6 pieds 8 pouces, et son épaisseur de 5 pouces 10 lignes. Sa basse articule le ton de *la*. Cette cloche a toujours été estimée des connoisseurs par la beauté de ses proportions harmoniques. La charpente du beffroi, dans laquelle elle est suspendue, mérite aussi l'attention des curieux pour sa belle construction. La tour est surmontée d'un comble en charpente couvert en ardoises. De dessus le faîtage s'élèvent deux poinçons avec entrait, auxquels sont suspendus les trois timbres de l'horloge. Au bas de ce comble règne une galerie bordée d'une balustrade à jour. C'est de cette galerie d'où l'on jouit à la fois d'une belle vue sur la ville de Saint-Denys et sur les campagnes environnantes.

Dans l'autre tour, dite le grand clocher, il y avoit autrefois quatre cloches très-harmonieuses, appelées *mazarines*, du nom du cardinal Mazarin, qui étoit abbé de Saint-Denys lorsqu'elles furent refondues en 1656. Ces cloches ont été cassées et fondues en 1793. La partie supérieure de la tour, au-dessus des fenêtres des abat-vents, est ornée, sur chaque face extérieure, de deux médaillons avec denticules, dans lesquels sont sculptées des croix grecques. De dessus cette tour s'élève une grande pyramide en pierre, de forme octogone, percée d'une fenêtre étroite et longue sur chaque pan, et surmontée d'une grande croix en fer, avec un coq. La croix a 12 pieds de hauteur. Cette pyramide est accompagnée de sept clochetons en pierre (le huitième étant tombé depuis longtemps), percés de plusieurs arcs en ogive, et soutenus sur des colonnes d'une très-grande légèreté. L'ensemble de ce couronnement pyramidal, remarquable par sa belle proportion et la délicatesse de sa structure, est un des ouvrages les plus hardis qui existent en ce genre (1). Sur l'un des angles de la tour est une calotte couverte en ardoises, qui termine l'escalier par lequel on y monte. L'espace régnant entre les deux tours est occupé par le pi-

---

(1) Cette belle pyramide a été plusieurs fois endommagée par la foudre. En 1759 ou 1760, le tonnerre y fit quelques dégradations. En 1770 et 1771, il tomba sur la flèche, et les dégats qu'il occasionna dans sa chute nécessitèrent plusieurs réparations, qui furent faites au mois de juillet 1772, tant à l'un des clochetons qu'à l'extrémité de la pyramide, où le coq fut replacé. *Mémoires manuscrits* communiqués par M. Gautier.

gnon de l'église, orné d'une rose délicatement découpée, et surmonté d'un pilastre octogone sur lequel est placée une statue en pierre représentant Saint-Denys.

Passant sous une porte de forme ogive, à la droite du grand portail, on entre dans une espèce de cour fermée par un mur, et destinée au stationnement des voitures les jours des cérémonies (1). C'est de là d'où l'on voit principalement le bel aspect que présente tout l'ensemble de la face latérale de l'église. Avant d'entrer dans cette cour, on aperçoit, dans l'angle du pilier de la première chapelle, une statue en pierre, représentant la Madeleine, agenouillée, et, dans une niche située à l'angle opposé de la fenêtre, celle de Jésus-Christ, auquel cette sainte paroît demander la rémission de ses péchés. La chapelle à l'extérieur de laquelle sont placées ces deux sta-

---

(1) En construisant ce mur de clôture, l'architecte Legrand a cru devoir se conformer à l'alignement irrégulier des maisons voisines : il en résulte que ce mur présente des coudes et des sinuosités désagréables, propres à former des coupe-gorges et à recevoir les immondices d'un quartier déjà trop resserré et malsain ; sa disposition, essentiellement vicieuse, fait regretter que le même architecte n'ait pas élevé ce mur sur une ligne droite parallèle à l'église, afin de former une rue d'une largeur de dix mètres, propre à recevoir par la suite l'arrivage de la route de Bondi à Saint-Denys, qui est projetée, au moyen de quelques toises prises sur le terrain des propriétaires riverains, que l'on conviendroit d'indemniser pour l'ouverture et le redressement de cette rue. *Coup-d'œil historique sur la ville de Saint-Denys*, etc., par M. B. A. H. et A. M. Paris, 1807, pag. 14.

tues, est dédiée à sainte Marie-Madeleine. Toutes les chapelles de la nef sont percées de belles fenêtres, et surmontées de pignons ou frontons délicatement travaillés à jour. Les piliers butans sont décorés de niches dans lesquelles se voyoit une suite de statues malheureusement détruites pendant la révolution. Au-dessus des chapelles règne une galerie bordée d'une balustrade à jour. La partie supérieure des piliers butans est décorée de colonnes, et surmontée d'obélisques d'une structure très-svelte. Chaque pilier butant a deux arc-boutans qui, comme autant de *contre-fiches* (1), opposent leur résistance à l'effort de la poussée des voûtes, et servent en même temps à l'écoulement des eaux pluviales, qui s'opère par le moyen des chéneaux pratiqués le long des arc-boutans, et des gargouilles en forme d'animaux qui sont placées à leur extrémité.

Le bas du portail, de ce côté, est, comme il a été dit, un des restes de l'ancienne église bâtie par les ordres de l'abbé Suger, en 1140. Dans le tympan au-dessus de la porte, sont sculptés les principaux

---

(1) Pièces de la charpente ou de la couverture d'un bâtiment qui servent à en lier d'autres, ou à les arc-bouter, comme celles qui sont dans une maîtresse-ferme, lesquelles posent d'un bout sur le poinçon et de l'autre soutiennent la jambe de force. *Dictionnaire d'Architecture et de Peinture.*

traits du martyre de saint Denys. La partie inférieure de ce tympan présente deux bas-reliefs; dans l'un, à droite, est Jésus-Christ apparoissant à saint Denys lorsqu'il célébroit les saints mystères, dans sa prison, avec ses deux disciples, Rustique et Eleuthère. L'autre bas-relief, à gauche, fait voir saint Denys et ses deux compagnons conduits devant le juge, qui prononce leur condamnation; aux pieds de ce juge est couché par terre un autre personnage qui paroît demander la grâce des trois saints. Dans la partie supérieure du tympan est un autre bas-relief d'une plus grande proportion, et qui remplit tout le fond du cadre ogive; il représente le supplice de saint Denys et de ses deux compagnons, saint Rustique, prêtre, et saint Eleuthère, diacre. Saint Denys est placé au milieu, comme le chef, et ses deux acolytes de chaque côté. Trois hommes armés de haches sont prêts à leur trancher la tête, d'après le commandement d'un quatrième personnage qui paroît être le juge Sisinnius-Fescennius, porteur des ordres de l'empereur Aurélien, persécuteur des chrétiens. Sur le pilier séparant les deux vantaux de la porte, est placée la statue de la sainte Vierge tenant l'Enfant-Jésus; elle a été mutilée. Les grandes statues qui décoroient les deux côtés de ce portail ont été détruites pendant la révolution; elles représentoient six rois de la troisième race, savoir : Hugues-Capet, Robert dit *le Pieux*, Henri I, Philippe I, Louis VI dit *le Gros*, et Louis VII dit *le Jeune* (1). Le contour des arceaux de la voussure de ce portail est orné de petites figures, au nombre de trente, représentant les rois qui ont régné depuis Clovis I jusqu'en 1140, époque de la construction de cette partie de l'église; de sorte que la totalité, en y comprenant les grandes statues ci-dessus décrites, et Louis-le-Jeune qui régnoit alors, ce portail présentoit une chronologie de trente-six rois de France. Mais ce qui doit particulièrement fixer l'attention dans la composition de ce portail, ce sont les rinceaux d'ornemens d'un beau caractère, qui décorent les deux jambages de la porte. La richesse et le bon goût de leur exécution prouvent que les sculpteurs de cette époque avoient encore quelques réminiscences de l'art des anciens (2). Le vandalisme révolutionnaire, dont on voit encore de funestes effets sur toutes les figures qui décorent ce portail, semble avoir respecté ces ornemens, qui

---

(1) Ces figures, ainsi que le portail, ont été gravées; elles se trouvent dans la *Description du Musée des Monumens français*, par M. Alexandre Lenoir, tom. I, pl. 19, 21 et 25, et le portail, tom. II, pag. 30.

(2) Ces rinceaux d'ornemens ont été gravés avec beaucoup d'exactitude, et se trouvent dans les Monumens français inédits, publiés par M. Willemin.

n'ont souffert aucune mutilation. Les deux vantaux de la porte sont recouverts d'une décoration de style arabesque, composée de plusieurs arcades, avec filets très-légers.

Toute la partie supérieure de la façade de la croisée est d'une époque postérieure de près de cent ans à celle de la construction du portail; elle présente aussi beaucoup plus de légèreté dans sa structure, et l'ensemble de cette façade offre une opposition de lisses et de richesses qui se font valoir mutuellement. La partie supérieure se compose de trois divisions; la première est une galerie placée immédiatement au-dessus du portail. La grande rose au bas de laquelle règne une autre galerie bordée d'une balustrade, occupe toute l'étendue de la seconde division. Cette rose, qui est d'une construction admirable, a 37 pieds de diamètre. Enfin la façade est surmontée d'un grand pignon délicatement travaillé, et orné d'un vitrage en forme de *rose*. Les angles de ce pignon sont flanqués de deux tourelles pyramidales, de forme octogone, qui s'élèvent au-dessus des contre-forts de la façade. Les voûtes de la croisée sont contrebutées à l'extérieur par plusieurs arc-boutans, dont la retombée se trouve appuyée contre deux tours élevées au-dessus des chapelles de la nef et du chœur, dites de Saint-Hippolyte et de Saint-Eustache. L'extrémité de ces tours n'excède pas la hauteur des piliers butans (1).

Le tour du chœur de cette église, appelé *chevet*, est, comme nous avons eu lieu de le faire remarquer, d'une construction de trois époques différentes ; sa décoration à l'extérieur est beaucoup plus simple que celle de la nef. Les piliers butans qui n'ont pas plus de 2 pieds d'épaisseur, sont lisses et sans aucun ornement. Deux rangs de chapelles de forme demi-circulaire composent

---

(1) Au-dessous de l'arc ogive de la première chapelle du chœur, dite *de Notre-Dame-la-Blanche*, on aperçoit, au centre du mur extérieur, les traces de l'ouverture d'un couloir qui a été muré, et par lequel on alloit de l'église dans une grande chapelle sépulcrale, en forme de rotonde, que Catherine de Médicis avoit fait construire par Philibert de Lorme, célèbre architecte, peu après la mort de Henri II, son époux (décédé au palais des Tournelles, le 10 de juillet 1559), pour lui servir de sépulture, ainsi qu'à sa famille. Cet édifice, d'une belle composition et d'une grande magnificence par les marbres précieux qu'il renfermoit, a été démoli en 1719, parce qu'il menaçoit ruine. Louis-Philippe d'Orléans, alors régent de France, fit transporter dans ses magasins les marbres qui décoroient cette chapelle, et par suite, son arrière-petit-fils, père du duc d'Orléans actuel, les employa dans le parc de Monceaux (appelé alors *la Folie de Chartres*), où l'on voit encore aujourd'hui un cirque, en forme de ruines, avec des colonnes corinthiennes, et un temple rond, composé avec des colonnes de marbre, qui formoient la décoration intérieure de la chapelle des Valois. Cette chapelle occupoit une grande partie de l'emplacement de la cour située au nord de l'église. Cet emplacement a servi de cimetière aux religieux jusqu'en 1767, époque à laquelle il fut destiné à la sépulture des gens de la maison. La chapelle des Valois, dont on peut voir la décoration intérieure dans l'*Histoire de Saint-Denys*, par dom Félibien, a été gravée dans différentes proportions par Jean Marot, architecte, qui en a donné les plans et la coupe. Ce même artiste a gravé aussi une Vue latérale de l'Eglise de Saint-Denys, dans laquelle il a représenté la chapelle des Valois.

la partie inférieure du chevet. Trois galeries à l'extérieur forment, à diverses hauteurs, des espèces de ceintures d'entre-lacs. La première est placée audessus des chapelles; la seconde surmonte la galerie intérieure de l'église; et la troisième règne autour du grand comble. Celle-ci, par sa disposition, sert à faire la visite de la partie supérieure de l'église, et contribue à sa conservation, en facilitant l'écoulement des eaux pluviales, qui s'opère par le moyen des chéneaux pratiqués le long des arc-boutans, et de plusieurs tuyaux de descente en fonte, nouvellement établis, qui les font descendre au pied de l'édifice.

Toute la partie latérale de l'église, du côté du midi, présente la même disposition que celle du côté du septentrion, à l'exception cependant du nouveau bas-côté, que l'on vient de construire sur une ligne parallèle à celle des chapelles situées au nord. Ce bas-côté, qui a une entrée particulière décorée d'un portail, avec une voussure en ogive surmontée d'un pignon, a été élevé sur les dessins de feu M. Célérier, architecte, qui l'a fait édifier jusqu'à la hauteur des chapiteaux de l'ordre intérieur. On l'achève en ce moment, sous la conduite de M. Debret, architecte de cette église, pour servir de paroisse à la ville de Saint-Denys. Cet ouvrage a été mis en harmonie avec l'architecture du temple dont il fait partie;

cela fait l'éloge des artistes qui ont dirigé sa construction.

Le portail de la croisée, par lequel on entroit autrefois du vestibule des cloîtres de l'abbaye dans l'église, a été horriblement mutilé et masqué par un chambranle en pierre, d'une architecture discordante avec celle du monument; il fut élevé à la suite de la construction de la nouvelle maison conventuelle bâtie sur les dessins et sous la conduite de Robert de Cotte, architecte du Roi, en 1718 (1).

L'ancienne charpente du grand comble de cette église, construite en bois de châtaignier, étoit totalement couverte en plomb avant les événemens de 1789, et le faîtage orné d'une croix et de seize boules en cuivre doré, distribuées par intervalles sur toute l'étendue de la crête du toit. Toutes les chapelles, ainsi que les bas-côtés, étoient

___

(1) L'extérieur de cette maison annonce plutôt la demeure d'un prince que l'ancien asile des disciples de saint Benoît. Son élévation, son étendue, la grandeur des salles et des dortoirs qui la composent, contribuent singulièrement à sa magnificence. Le fronton de la façade qui est du côté de la ville est décoré d'un grand bas-relief, sculpté par Adam le jeune, et dont les figures ont 9 pieds de proportion; il représente saint Maur, implorant le secours de la Divinité pour la guérison d'un enfant que dépose à ses pieds une mère affligée. La balustrade et les rampes du grand escalier sont de beaux ouvrages de serrurerie, exécutés par Pierre Denis, célèbre en ce genre. Le réfectoire étoit orné de deux grands tableaux cintrés, placés aux extrémités; savoir, la loi ancienne et la loi nouvelle : l'une, figurée par celle donnée à Moïse, sur le mont Sinaï, et l'autre, par la descente du Saint-Esprit sur les apôtres. Ces deux tableaux étoient de Restout.

4*

également couverts en plomb. La charpente actuelle du grand comble, ainsi que les toits inférieurs, sont couverts en ardoises (1).

Il existe six escaliers qui servent à monter dans toutes les parties de cet édifice ; savoir, un dans chaque clocher, et les quatre autres pratiqués dans les tours élevées sur les côtés latéraux de l'église.

INTÉRIEUR DE L'ÉGLISE.

L'ENTRÉE de ce temple, composée de deux arcades de chaque côté, avec des voûtes en ogive, est, comme on la fait remarquer, l'un des restes de l'ancien édifice bâti sous le règne de Louis VII par l'abbé Suger, et servant de vestibule à

---

(1) Le 4 juin de l'an 1597, il arriva un événement qui faillit causer la ruine totale de l'église de Saint-Denys. Des plombiers qui travailloient à la couverture, ayant laissé leur poêle de feu suspendue aux chevrons de la charpente, il survint un vent si violent, qu'il excita en peu de temps une flamme assez considérable, qui embrasa la charpente. Déjà le plomb commençoit à couler, lorsque les religieux, avertis, interrompirent l'office pour aller chercher du secours ; les habitans de la ville accoururent et signalèrent leur zèle pour la conservation de l'abbaye. Cependant leurs efforts auroient été presque inutiles, s'ils n'avoient été secondés par un plombier, nommé Jacques Duhamel, qui osa monter sur le faîte de la couverture, et de là, quoique environné de feu devant et derrière, il parvint, avec le secours des instrumens qu'on lui jeta, à arrêter les progrès de cet incendie, qui dura deux heures. L'abbé récompensa le service qu'avoit rendu Jacques Duhamel, en lui assignant une portion de pain et de vin sa vie durant. Félibien, *Histoire de Saint-Denys*, liv. VII, pag. 427.

l'église, dont la structure beaucoup plus élégante et plus svelte, présente un de ces heureux contrastes qu'on aime à rencontrer dans les monumens de ce genre. La hardiesse des voûtes, la délicatesse des arceaux supportés sur des faisceaux de colonnes d'une très-grande légèreté, et dont les fûts s'élancent sans interruption depuis la base jusqu'à la retombée des arceaux de la grande voûte, les divers aspects que présentent les percées des arcades, à travers lesquelles l'œil plonge agréablement et contemple avec satisfaction la pensée de l'architecte, qui a su les multiplier si ingénieusement; enfin tout commande également l'attention dans l'intérieur de cette église. Elle a été reblanchie en 1809 par des ouvriers italiens (1).

On remarque assez ordinairement dans les arêtes des voûtes, ainsi que dans la disposition du plan de la plupart des anciennes

---

(1) Avant que cette église ne fût totalement reblanchie, on voyoit encore, sur les murs et sur les colonnes, des traces de sa parure primitive, où l'or, le bleu, le rouge et le violet y brilloient particulièrement, et rappeloient l'usage et la manière dont on décoroit, dans le *moyen âge*, les edifices religieux, ainsi que les tombeaux. Cet usage, auquel plusieurs auteurs ont prétendu donner un sens mystique, n'etoit, selon toute apparence, qu'une imitation des peintures en mosaïque dont les anciens décoroient ordinairement les murs de leurs temples, avant la décadence de l'art au quatrième siècle. Mais à cette coutume a succédé par la suite celle de décorer l'intérieur des églises avec des tapisseries, représentant des sujets tirés de l'*Histoire sainte*, ou de la Vie du saint patron de l'église du lieu.

églises, un biais qui se dirige tantôt à droite et tantôt à gauche, sur lequel on n'a pas encore eu de résultats satisfaisans, mais que l'on attribue vulgairement à un préjugé pieux (1). Ce même biais se fait apercevoir d'une manière extrêmement sensible dans l'église de Saint-Denys, dont le chœur est tourné à l'orient; il en résulte que le point de centre du fond du chevet se dirige en droite ligne vis-à-vis l'un des piliers du péristyle de l'orgue, à droite en entrant, d'où l'on peut vérifier cette observation. Ceci prouve, au reste, que l'abbé Suger avoit attaché beaucoup plus d'importance

---

(1) Les églises chrétiennes ont presque toutes la forme d'une croix, dont les croisillons sont plus ou moins alongés, et l'on dit que ce biais, qui se manifeste d'une manière très-sensible, tantôt à droite, tantôt à gauche, à la volonté du constructeur, est fait pour représenter l'inclinaison que prit la tête de Jésus-Christ au moment de son expiration sur la croix. « M. Alexandre Lenoir, « qui ne partage point cette opinion, pense que toutes les églises « chrétiennes devant être orientées, les architectes, dans celles « pour la construction desquelles ils étoient gênés, soit par le ter- « rain, soit par l'alignement donné par la façade du portail ou de « la porte d'entrée, ont dû nécessairement biaiser l'extrémité de la « voûte, soit à droite, soit à gauche, pour aller chercher le point « juste de l'Orient. Cela est si vrai, ajoute-t-il, que les voûtes des « églises pour la construction desquelles l'on n'a point été gêné « par l'alignement ne présentent point ce biais, qui seroit rigou- « reusement observé, s'il tenoit, comme on l'a dit, à la représen- « tation de la tête penchée de Jésus-Christ sur la croix ». *Cours sur l'histoire des arts en France, fait à l'Athénée de Paris, dans le courant de* 1810, pag. 34. Cette observation de M. Lenoir s'accorde parfaitement avec les raisons qui ont été données par l'abbé Lebeuf, pour justifier le défaut d'alignement de l'église de Notre-Dame de Paris. Voyez son *mémoire* dans ses *Dissertations sur l'histoire ecclésiastique et civile de Paris*, t. I, p. 80.

à bien orienter son église, que ses successeurs n'en ont mis à conserver l'alignement donné par lui; car il faut observer que c'est précisément dans la partie de cet édifice qui fut bâtie par Suger, où l'on remarque cette inclinaison vers l'est.

L'Église étoit autrefois divisée en trois parties, savoir : la nef, le chœur et le chevet. Le chœur, alors séparé du chevet par un mur de soutènement auquel étoit adossé le maître-autel, se trouvoit fermé sur le devant par des grilles matérielles surchargées d'ornemens, qui interceptoient la vue des cérémonies. Cette disposition a été supprimée dans la nouvelle restauration, et le chœur est actuellement exposé à tous les regards.

C'est une vaste et brillante perspective qui s'offre à la vue du spectateur placé sous la tribune de l'orgue, lorsqu'il aperçoit à la fois les deux parties principales de cet édifice, qui auparavant distinctes l'une de l'autre, altéroient cette belle unité, maintenant si judicieusement rétablie. Pour compléter cet ensemble et ajouter aux dispositions de l'ordonnance primitive, on a construit, comme nous l'avons dit (dans le même système d'architecture), un bas-côté à droite de la nef, ce qui procure à cette église une forme beaucoup plus régulière. Mais en changeant sa distribution intérieure, on a senti la nécessité de racheter le trop grand exhaussement du chevet; pour parvenir à ce but, il a fallu nécessairement élever de trois pieds la première partie de l'église, qui comprend le vestibule et une certaine étendue des nefs; ensuite le reste des nefs, ainsi que la croisée tout entière, ont été exhaussés de deux pieds. Le pavé de ces deux parties a été posé sur des voûtes solidement construites en moëlons. On a racheté, par ce moyen, la différence de sol du chœur et de la nef. Mais qu'en est-il résulté? c'est qu'en voulant rectifier ce vice de la première construction, on a fait perdre à l'intérieur de ce temple ses belles proportions, et à la voûte cette majestueuse élévation si convenable aux monumens de ce genre, et que l'on regrette avec raison.

L'édifice a 335 pieds de longueur dans œuvre, sur 123 pieds de largeur dans sa plus grande étendue, et 88 pieds de hauteur sous clef de voûte. Il étoit éclairé autrefois par trois rangs de fenêtres, et ne l'est plus actuellement que par deux rangs. Les plus grandes, au nombre de trente-sept, surmontent les galeries intérieures de l'église; elles ont environ 40 pieds de hauteur, et sont espacées par des piliers ayant au plus 3 pieds de largeur. L'autre rang de fenêtres éclaire les chapelles et les bas-côtés. Indépendamment de ces vitraux, la croisée de l'église est éclairée à chaque extrémité par deux grandes roses d'une structure délicate, et qui ont chacune 37 pieds de diamètre. Ce sont ces fréquentes ouvertures qui produisent l'effet magique de la perspective intérieure; c'est pourquoi l'on regrette singulièrement les magnifiques vitraux peints qui tempéroient ce grand jour, et dont l'aspect contribuoit à répandre, dans l'intérieur de ce temple, cette teinte sombre et mélancolique qui convenoit si bien à sa destination (1). Les vitraux actuels sont en verre blanc, avec des bordures à compartimens en verres de couleur. Ils ont été exécutés par M. Huin, vitrier du gouvernement. Mais ces vitraux donnent une clarté trop vive, qui distrait et fatigue plus qu'elle ne plaît. Il est à regretter que l'on n'ait pas employé dans leur composition beaucoup plus de verres de couleur : on devoit nécessairement donner à l'inté-

---

(1) Ces vitraux furent démontés et transportés au Musée des monumens français en 1799, d'après les ordres du ministre de l'intérieur, sur la demande faite par M. Lenoir, conservateur de ce Musée; une petite partie a été employée pour décorer la salle du quatorzième siècle, mais qu'est devenu le reste de cette immense quantité de vitraux qui faisoit l'un des plus beaux ornemens de Saint-Denys, ce grand nombre de sujets historiques et chevaleresques, qui reportoient aux temps des croisades, cette suite de portraits en pied des rois de France, et tant d'autres tableaux peints avec un luxe de couleurs et des reflets de lumière si vifs et si éclatans? Tous ces monumens de la peinture sur verre, démontés et transportés sans aucun soin, ont disparu sans que leur destination ait été connue.

rieur de ce temple le caractère qu'exigent les cérémonies religieuses.

La nef comprend les deux arcades de l'ancienne église attenantes au grand portail, et huit autres de la nouvelle; ce qui fait une longueur de 191 pieds, depuis la porte principale jusqu'au dernier pilier; elle a 35 pieds 7 pouces de largeur, non compris l'épaisseur des piliers dont le diamètre est de 5 pieds 6 pouces. La nef est accompagnée, à droite, par deux bas-côtés, et, à gauche, par un seul bas-côté et un rang de chapelles; ces bas-côtés ont 37 pieds de hauteur sous la clef de voûte, et 14 pieds 9 pouces de largeur. La nef et les bas-côtés sont pavés en carreaux de liais, dont les angles sont ornés de petits trèfles en marbre noir. Vers le milieu de la nef, c'est-à-dire dans l'alignement du septième pilier, il faut monter cinq marches pour parvenir dans la partie supérieure de la nef.

Sous l'une des tours, dite le grand clocher, on a vu pendant long-temps une statue fort ancienne appliquée contre le mur, et représentant le roi Dagobert, fondateur de l'abbaye. Suivant la description et la gravure que dom Bernard de Montfaucon en a données dans ses *Monumens de la monarchie française* (1), ce roi étoit assis, et

---

(1) Tom. I, pag. 162.

revêtu d'un manteau ou de la grande chlamyde attachée, sur l'épaule droite, à la romaine; il étendoit les deux bras, et tenoit, suivant toute apparence, son sceptre de l'un, et quelque chose de l'autre. Cette statue, qui, selon le père Montfaucon, paroissoit avoir été exécutée peu après la mort de Dagobert, seroit actuellement, si elle existoit encore, l'un des plus anciens monumens de la sculpture dans le *moyen âge*. Elle fut ôtée de cet endroit, lorsqu'on fit reblanchir l'église en 1771, et depuis ce temps elle a disparu.

L'ancienne tribune de l'orgue, soutenue sur une grande arcade en pierre, étoit d'un style lourd et de mauvais goût; elle présentoit un contraste choquant avec le genre d'architecture de ce monument : aussi a-t-elle été démolie en 1810, et remplacée par un péristile de style arabesque, dont la distribution en trois arcades ogives se trouve parfaitement en harmonie avec celles des deux faces latérales de la nef. Cet ouvrage a été exécuté sur les dessins et sous la conduite de feu M. Célérier, architecte. Au-dessus de ce péristile est une tribune en avant-corps, destinée à placer le buffet d'orgue; elle a été construite sur la même ligne que la galerie intérieure qui règne autour de l'église. Cette galerie est espacée par une suite de colonnes surmontées de trèfles découpés à jour et d'une légèreté admirable. Sa disposition, au-dessus des arcades de la nef et du chœur, contribue singulièrement à la décoration de l'intérieur de cette basilique, et procure en même temps l'avantage d'y placer le public les jours de cérémonie.

La croisée de l'église a de longueur dans œuvre, depuis une porte latérale jusqu'à l'autre, 124 pieds, sur 36 pieds de largeur, du nu d'un pilier à l'autre. Ces deux portes ont été recouvertes, dans l'intérieur, d'une décoration *arabesque* de fort bon goût. La porte à droite conduit à l'ancienne maison conventuelle, occupée présentement par les demoiselles filles des membres de la Légion-d'Honneur, et l'autre placée vis-à-vis, dans une cour destinée au stationnement des voitures de la cour les jours de cérémonie.

L'ancien chœur des religieux, auquel on montoit par deux marches, comprenoit dans son étendue les trois dernières arcades de la nef, le milieu de la croisée et la première travée du chœur actuel. La partie haute du chœur, appelée chevet, étoit occupée par l'autel et par le tombeau des saints martyrs; au fond du chevet se voyoient trois grandes statues placées dans un monument en marbre, et représentant saint Denys, saint Rustique et saint Eleuthère. Derrière l'autel on avoit pratiqué une armoire dans laquelle étoient enfermées trois châsses en argent, en forme de cercueil, contenant les reliques des trois martyrs (1), avec des inscriptions que l'on peut lire dans l'ouvrage de dom Félibien (2).

La disposition du chœur actuel paroît être beaucoup mieux raisonnée que l'ancienne. On a jugé beaucoup plus convenable de le circonscrire dans les bornes prescrites par sa construction, que d'engager dans son enceinte plusieurs arcades de la nef à laquelle on a restitué son étendue primitive.

Le sol de la première travée du chœur a été élevé au niveau du chevet qui en fait actuellement partie; on construisit alors au-devant du chœur un perron en marbre sur un plan demi-circulaire, et bordé d'une balustrade en marbre blanc, dont les appuis étaient de marbre noir. Mais ce perron a été supprimé depuis, et remplacé par un autre du meilleur goût, qui règne dans toute la largeur du chœur et des bas-côtés. Le nouveau perron, composé de dix

---

(1) Ces reliques ont été soustraites à la destruction et conservées par le zèle et les soins de feu dom Warenflot, religieux bénédictin, trésorier de cette église, lors de son dépouillement en 1793, et de l'enlèvement des trois cercueils en argent qui furent portés à l'hôtel des monnoies. Ce fait est constaté par un procès-verbal daté du 1er. octobre 1793. Quant aux reliques des trois martyrs, elles se voient dans l'église paroissiale de Saint-Denys, qui faisoit autrefois partie du couvent des Carmélites. *Mémoires manuscrits*, communiqués par M. Gautier.

(2) *Histoire de Saint-Denys*, partie descriptive, pag. 531.

marches en marbre blanc, est espacé par quatre socles de même marbre, construits au-devant des piliers du chœur et des bas-côtés. Sur ces socles seront placés quatre grands candelabres, en marbre blanc, de 10 pieds 9 pouces de hauteur, et surmontés de girandoles de 5 pieds de haut, en cuivre doré en or moulu, garnies de souches pour éclairer l'église les jours de solennité.

Le chœur a 80 pieds de longueur, sur 35 pieds 6 pouces dans sa plus grande largeur; le fond, au lieu de décrire un demi-cercle, se termine en *hexagone* (1), comme la plupart des églises construites dans le treizième siècle (2). Les six piliers du chevet, qui avoient été revêtus de stuc noir, ainsi que ceux des bas-côtés, ont repris leur couleur primitive. Le chœur a quatre entrées qui sont fermées de très-belles grilles en bronze doré, à hauteur d'appui, et enrichies d'ornemens d'un excellent goût; savoir : l'entrée principale au-devant du chœur, ensuite les portes latérales donnant sur les bas-côtés, puis celle qui sert de fermeture au fond du chœur.

Le grand autel est placé vis-à-vis la seconde arcade du chœur, sur un plan un peu

---

(1) Hexagone, figure qui a six angles et six côtés.
(2) La clef de la voûte du rond-point du chœur est ornée de trois bustes sculptés en pierre, et représentant les saints patrons de cette église.

plus reculé que l'ancien; sa longueur est de 12 pieds sur 3 pieds de hauteur. Le massif de l'autel est revêtu en marbre vert d'Égypte, et décoré, sur le devant, d'un grand bas-relief en vermeil, de 9 pieds de longueur, formant retable, orné de 24 figures de 2 pieds de proportion, représentant Jésus-Christ enfant adoré par les bergers. Par une singularité assez remarquable, ce même bas-relief qui décoroit l'ancien maître-autel de cette église, et dont la conservation est due à la commission temporaire des arts, se trouve aujourd'hui replacé au nouveau maître-autel. Ce bas-relief fut donné à cette église en 1682, par dom Tarteron, religieux de l'abbaye, auquel il coûta 13,000 livres. Il a été exécuté par M. Loir, et pèse 180 marcs (1). Les côtés latéraux de l'autel sont parsemés de fleurs-de-lis et décorés des armes de France. La doucine formant corniche au pourtour de l'autel, est ornée de feuilles de vigne et d'épis de blé. Cette doucine est en argent doré, ainsi que toutes les autres moulures et les ornemens dont il est décoré. Sur cet autel est un gradin en marbre vert de mer, au milieu duquel se voit l'agneau pascal accompagné de deux têtes de chérubins. Sur le gradin sont placés une croix et six chandeliers d'un excellent goût et d'une belle exécu-

---

(1) *Histoire de saint Denys*, partie descriptive, pag. 530.

5*

tion. La croix a 7 pieds de hauteur, et les chandeliers ont 6 pieds; ils sont ornés des figures des douze apôtres, d'après Raphaël, et des armes de France. Les balustres cannelés des chandeliers, et leurs embases, sont décorés de têtes de chérubins. Cet autel et toutes ses dépendances ont été exécutés sur les dessins de M. Debret, architecte, par M. Auguste, habile orfévre, et Sellier, marbrier. Les chandeliers et la croix, ainsi que tous les ornemens en vermeil, ont été terminés chez M. Biennais, orfévre. La composition de cet autel fait honneur aux talens de l'architecte qui est chargé de la restauration et des embellissemens de cette église, dont il dirige les travaux avec autant de goût que d'intelligence et de célérité.

Le pourtour du chœur est occupé par soixante-douze stales construites en bois de chêne et sans dossiers, en sorte que l'on peut voir les cérémonies sans aucun obstacle. Le pavé qui environne le maître-autel est de marbre à compartimens; celui du milieu est décoré d'un écusson aux armes de France exécutées en mosaïque. Toute la partie du chœur, derrière l'autel, est carrelée en marbre blanc et de Bourbonnais.

Les crochets en fer placés sur deux lignes parallèles, au-dessus des arcades de la nef et du chœur, servoient anciennement pour les tentures des pompes funèbres.

Cette église comprenoit une multitude de chapelles, qui ont été réduites à un petit nombre depuis les nouveaux embellissemens. La plupart renfermoit des monumens érigés à de grands personnages, qui, par leur rang ou pour les services qu'ils avoient rendus à l'état, méritèrent cette distinction particulière d'avoir leur sépulture parmi celles de nos rois. Il en sera parlé plus amplement à l'article des anciennes sépultures. En 1793, ces chapelles furent dépouillées des ornemens dont elles étoient décorées.

Celles qui règnent le long du bas-côté, à gauche de la nef, sont au nombre de sept; savoir: la première, en commençant par le bas de l'église, est dédiée à sainte Marie-Madeleine; la deuxième à saint Laurent et à saint Pantaléon; la troisième à saint Louis; la quatrième à saint Denys: celle-ci servoit autrefois à une ancienne confrérie connue sous le nom de ce martyr; la cinquième est consacrée à saint Martin; la sixième à la sainte Trinité; la septième et dernière, qui est la plus grande de toutes, attendu qu'elle comprend deux chapelles, a été dédiée à saint Hippolyte. Les murs et les vitraux de cette chapelle, ainsi que ceux de la chapelle de saint Michel, située de l'autre côté de la nef, sont peints en bleu d'azur parsemé de fleurs-de-lis peintes en couleur d'or, avec des couronnes fermées et non fermées. Cette décoration rappelle l'intention que feu M. Legrand, architecte, avoit d'y établir les trois autels expiatoires ordonnés sous le dernier gouvernement (1). On a fait disparoître le renflement désagréable et l'ornement spiral d'un goût mesquin, dont les piliers de ces chapelles avoient été surchargés lors de la première restauration; ils ont recouvré leur forme primitive. Ces deux chapelles sont fermées de grilles en fer, à hauteur d'appui, et surmontées de lances dorées.

En suivant toujours la même ligne, la première des chapelles qui décoroient le pourtour du chœur, étoit celle dite de *Notre-Dame-la-Blanche*, ainsi appelée par rapport à une statue de la Vierge en marbre blanc, que la reine Jeanne, d'Évreux, avoit donnée à cette église en 1340 (2), comme l'indiquoit une inscription gravée autour du piédestal en marbre noir, sur lequel étoit posée la statue de la Vierge que l'on voit actuellement au-dessus de l'autel placé au fond du chœur de l'église de Saint-Germain-des-Prés, à Paris. C'est dans cette chapelle que se voyoit autrefois une superbe cuve de porphyre, que Doublet et

---

(1) Voyez le décret du 20 février 1806, concernant la destination de l'église de Saint-Denys.
(2) Félibien, *Histoire de saint Denys*, partie descriptive, page 533.

Millet assurent avoir été donnée à cette église par Dagobert (1), qui, selon ces deux auteurs, la fit apporter de Poitiers, où elle servoit de baptistaire. Cette cuve a 5 pieds 3 pouces de long, sur 2 pieds 2 pouces de large, et 16 pouces de profondeur ; elle se voit actuellement au milieu du cabinet des médailles et antiques de la bibliothèque du Roi. C'est un des plus beaux morceaux de porphyre qui existent. La seconde chapelle, située immédiatement après cette dernière, est dédiée à saint Eustache. Cette chapelle renfermoit le magnifique mausolée du vicomte de Turenne ; il en sera parlé à l'article des sépultures. Les chapelles du rond-point, dont la construction est entièrement du temps de l'abbé Suger, sont au nombre de neuf ; la première est dédiée à saint Firmin, évêque et martyr ; la seconde à sainte Osmanne, vierge ; la troisième à saint Maurice ; la quatrième à saint Pérégrin, évêque et martyr ; la cinquième à la sainte Vierge ; la sixième à saint Cucuphas, martyr ; la septième à saint Eugène, martyr ; la huitième à saint Hylaire, évêque ; la neuvième et dernière à saint Romain. Ces chapelles, dont les autels avoient été consacrés sous le règne de Louis IX, furent supprimés par suite des répara-

---

(1) *Antiquités et Recherches de l'abbaye de Saint-Denys*, liv. IV, pag. 1197 ; *Trésor sacré de Saint-Denys*, pag. 63.

tions et des embellissemens que l'on vient de faire à cette église; elles ne présentent actuellement que des emplacemens elliptiques qui procurent aux bas-côtés un accroissement assez considérable. Les colonnes revêtues en stuc, adossées aux murs de séparation de ces chapelles, y ont été mises récemment. La chapelle de saint Louis, située près de l'entrée de la sacristie, et qui servoit autrefois à cet usage, a été bâtie par l'abbé Antoine de La Haye, vers l'an 1500 (1).

Après avoir visité le chœur et le chevet, en descendant dans la croisée, on voyoit deux autels adossés aux piliers des deux extrémités, dont l'un étoit dédié à saint Benoît, et l'autre à sainte Anne. La chapelle de saint Jean-Baptiste, dite de Charles v, faisant pendant à celle de *Notre-Dame-la-Blanche*, occupoit toute l'étendue de la première travée du second bas-côté du chœur, à droite, avec la chapelle que l'on voit encore de ce côté près de la sacristie. Ces deux chapelles parallèles avoient leur entrée dans la croisée; elles ont été supprimées, et leur sol a été élevé au niveau du pavé des bas-côtés du chœur, pour faciliter la construction des deux escaliers qui servent à descendre dans l'église basse.

---

(1) Doublet, *Antiquités et Recherches de Saint-Denys*, liv. I, pag. 305.

DE L'ÉGLISE DE SAINT-DENYS.

L'ancien trésor dont la garde étoit spécialement confiée aux religieux de la maison, chargés de le montrer au public tous les jours de l'année, avoit été formé par la piété et par les libéralités des rois de France, de plusieurs princes et des abbés de ce monastère. Ce trésor, le plus riche qu'il y eût en France, renfermoit une nombreuse suite de productions variées des arts, depuis une haute antiquité jusqu'à nos jours. Parmi cette collection d'objets précieux d'orfévrerie, la plupart enrichis de pierres précieuses, on remarquoit particulièrement le sceptre de Dagobert, son fauteuil; l'épée, le sceptre, la main de justice, la couronne et les éperons de Charlemagne (1); le calice dit de saint Denys, celui de l'abbé Suger (2); l'oratoire de Charlemagne, celui de Philippe-Auguste; le superbe vase de sardonix, vulgairement appelé la *coupe des Ptolémées*, dans lequel les reines de France buvoient le vin consacré, le jour de leur couronnement; le miroir de Virgile (3),

---

(1) Ces cinq objets font partie du trésor de l'Église métropolitaine de Paris.

(2) Lors du vol fait au cabinet des antiques en février 1804, ce curieux objet transporté en Angleterre fut acheté par le savant antiquaire Charles Touwley. Instruit de l'évènement qui avoit fait passer ce vase dans sa collection, il étoit sur le point de le renvoyer en France lorsque la maladie dont il étoit atteint depuis long-temps augmenta, et l'enleva à ses amis et à l'antiquité.

(3) On lit dans l'*Histoire littéraire du règne de Louis XIV*,

et une foule d'autres monumens, parmi lesquels on distinguoit plusieurs châsses d'un travail soigné, dont on trouve une description détaillée dans l'histoire de cette abbaye par dom Félibien (1). Nous pouvons dire avec certitude que la plupart des objets qui composoient le trésor de cette église, ainsi que beaucoup d'autres que l'on croyoit perdus pour les arts, ont été fort heureusement sauvés de la destruction, par le zèle et les soins de la commission temporaire des arts, en 1793. Quelques-uns même des plus curieux ont été mis en évidence, et se voient dans le cabinet des médailles et antiques de la Bibliothèque du Roi.

La nouvelle sacristie, située au côté droit du chœur, a été construite sur l'emplacement d'un bel escalier qui conduisoit dans l'intérieur de la maison des religieux. L'arc ogive de la porte d'entrée de cette sacristie est décoré d'une découpure à jour extrêmement délicate. Dans le tympan au-dessus du linteau de la porte, est placée une figure assise représentant saint Denys revêtu d'ornemens pontificaux. L'intérieur

---

par l'abbé Lambert (tom. I, pag. 566), que dom Mabillon, ayant été employé en l'année 1663 à montrer le trésor de Saint-Denys, il fut déchargé de cet emploi « *parce qu'il cassa le miroir de Virgile.* »

(1) Voyez la partie descriptive, avec les planches, pag. 536.

de cette sacristie est décoré d'un ordre dorique en menuiserie, élevé sur un stylobate dans lequel on a pratiqué des armoires et des tiroirs cylindriques roulans, pour serrer le linge et les ornemens de l'église. La sacristie, éclairée à chaque extrémité par deux grandes fenêtres cintrées et vitrées en verre dépoli, a été construite sur les dessins de feu Célérier.

Cette sacristie doit être décorée de dix tableaux représentant les événemens les plus remarquables de l'histoire de cette église, dont quelques-uns ont une liaison particulière avec celle de la monarchie française. Sept de ces tableaux sont déjà terminés, et ont été vus avec intérêt au salon du Louvre, dans les expositions de 1812 et de 1814. En voici l'explication selon l'ordre chronologique dans lequel ils seront classés.

1°. La prédication de saint Denys, par M. Monsiau. Ce premier évêque de Paris fut envoyé dans les Gaules, sous l'empire d'Aurélien, vers l'an 250. Après avoir converti un grand nombre d'infidèles, il fut honoré de la palme du martyre, avec ses deux compagnons, saint Rustique et saint Eleuthère.

2°. Dagobert ordonne la construction de l'église de Saint-Denys, en 629; peint par M. Ménageot.

3°. L'institution de l'église de Saint-

Denys comme sépulture des rois, par M. Garnier. Le sujet de ce tableau est la pompe funèbre de Dagobert 1, principal fondateur de cette église, mort le 19 de janvier de l'an 638.

4°. La dédicace de l'église de Saint-Denys en présence de l'empereur Charlemagne, par M. Meynier. L'empereur, assis sur un trône d'or dans le sanctuaire de l'église, est accompagné des principaux officiers et dignitaires de la couronne, portant les marques distinctives de la dignité impériale. L'abbé Fulrad fait la cérémonie de la dédicace, de la manière déjà usitée alors, c'est-à-dire par la bénédiction et l'onction de la croix sur les principaux piliers de l'église, avec les huiles saintes. Cette cérémonie eut lieu au mois de février de l'an 775.

5°. Saint Louis faisant placer dans le chœur de l'église de Saint-Denys les cénotaphes qu'il avoit fait ériger aux rois ses prédécesseurs, en 1264, par M. Landon.

6°. Louis IX recevant l'*Oriflamme* à Saint-Denys, avant son départ pour la conquête de la Terre-Sainte, par M. Le Barbier l'aîné. Ce fut pendant une longue et douloureuse maladie que saint Louis fit vœu de se croiser malgré les représentations de la reine Blanche, sa mère. Lorsque tout fut préparé, il alla à Saint-Denys, accompagné de ses frères, de plusieurs prélats et seigneurs de sa cour, pour y recevoir l'*Oriflamme* des mains de Eudes, cardinal-légat, et le bourdon avec l'escarcelle de l'abbé de Saint-Denys. La reine Blanche, et la reine Marguerite sa femme, accompagnée des deux princes ses enfans, assistèrent à cette cérémonie. Le Roi partit pour cette croisade à l'âge de trente-trois ans, l'an 1248.

7°. Philippe-le-Hardi portant sur ses épaules les dépouilles mortelles de saint Louis, son père, mort à Tunis en 1270 (1); par M. Guérin.

8°. Charles-Quint venant visiter l'église de Saint-Denys, dans laquelle il est reçu par François 1er., accompagné de ses deux

---

(1) Avant la révolution de 1789, il existoit, sur le chemin de Paris à Saint-Denys, sept pyramides de style *arabesque*, surmontées de croix, placées irrégulièrement des deux côtés de l'avenue, et qui servoient à indiquer, suivant une ancienne tradition, les divers endroits où Philippe-le-Hardi se reposa en portant les dépouilles mortelles de son père. Dans un mémoire lu à l'Institut, M. Brial, sans nier une action si touchante de la piété filiale, qui donnoit à ces croix une origine intéressante, établit qu'elles existoient long-temps auparavant. Elles se trouvent indiquées par Suger dans la *Vie de Louis-le-Gros*. Elles indiquoient, suivant lui, non-seulement le droit de péage et d'autres droits seigneuriaux accordés par nos rois à cette abbaye, et confirmés par Louis-le-Gros en 1124, mais encore la juridiction spirituelle et presque épiscopale dont elle jouissoit dans son arrondissement. M. Brial conclut que ces croix pouvoient avoir une origine beaucoup plus ancienne; car dans un diplôme du roi Robert, de la fin du dixième siècle, il a trouvé des indices, sinon de ces monumens, du moins des simples bornes qui durent les précéder pour marquer les endroits où s'arrêtoient les immunités de l'abbaye. Voyez le *Rapport sur les travaux de la classe d'histoire et de littérature ancienne de l'Institut; juillet* 1809.

fils et des seigneurs de sa cour. Ce tableau a été peint par M. Gros.

9°. Le couronnement de Marie de Médicis à Saint-Denys, par M. Monsiau. Cette princesse est accompagnée à l'autel par le Dauphin, son fils, et par Madame, sa fille. Elle reçoit la couronne des mains du cardinal de Joyeuse, qui est assisté dans cette cérémonie des cardinaux Duperron, de Gondy, de Sourdis, et de plusieurs autres évêques. Le duc de Vendôme et le chevalier de ce nom portent, l'un le sceptre, et l'autre la main de justice. La princesse de Conti et la duchesse de Marcœur, ayant leurs couronnes de duchesses, portent la queue du manteau de la Reine, qui est accompagnée de plusieurs autres princesses, parmi lesquelles on distingue la reine Marguerite de Valois. Henri IV, avec quelques-uns des seigneurs de sa cour, placé dans une tribune, assiste à cette cérémonie, qui eut lieu le jeudi 13 de mai 1610. On remarque dans la composition de ce tableau une heureuse imitation de celui de Rubens, représentant le même sujet, et qui est placé dans la galerie de ce nom, au palais du Luxembourg.

10°. Sa Majesté Louis XVIII ordonne la continuation des travaux de l'église royale de Saint-Denys, dont l'architecte lui présente le plan et lui indique les divers changemens qui y ont été opérés. Leurs altesses royales monseigneur le comte d'Artois, et madame la duchesse d'Angoulême accompagnent Sa Majesté. Ce tableau a été peint par M. Menjaud.

ANCIENNES SÉPULTURES.

Rien n'étoit plus imposant que l'aspect des riches tombeaux et des cénotaphes élevés à la mémoire des monarques français, dans l'enceinte de ce temple. Le jour sombre et mystérieux produit par une multitude de magnifiques vitraux peints, joint au sentiment qu'on éprouvoit en voyant ces costumes antiques et variés, sous lesquels reposoient les cendres de tant d'illustres personnages; ces blasons, ces cimiers, ces bannières, tous ces attributs de la piété, de la puissance et de la valeur, rappeloient de glorieux souvenirs, et portoient dans l'âme un noble enthousiasme et une douceur mélancolique qui n'étoit pas sans intérêt et sans charmes.

Le plus ancien de ces monumens, en suivant l'ordre chronologique, étoit celui de Dagobert 1, fondateur de cette église, mort le 19 janvier de l'an 638. Ce tombeau, qui avoit été construit, par les ordres de saint Louis, vers le milieu du treizième siècle, étoit placé sous la première arcade du chœur, à droite. Il consistoit dans une espèce de chapelle de style *arabesque*, bâtie

6 *

en pierre de liais, et dont le fond étoit décoré de trois bas-reliefs fort curieux que dom Bernard de Montfaucon a expliqués d'une manière satisfaisante (1). Au milieu de ce monument se voyoit un sarcophage de lumachelle, gris contenant les restes de Dagobert et de Nantilde son épouse. Ce sarcophage étoit recouvert d'une tombe plate, sur laquelle on voyoit la statue couchée de ce monarque ayant les mains jointes, et vêtu selon l'usage du temps. En 1793, les violateurs des tombeaux brisèrent la statue et le cercueil pour l'ouvrir, croyant qu'il renfermoit un trésor, selon l'ancien usage ; mais de simples ossemens, enveloppés dans un suaire, furent tout ce qui s'offrit à leur cupidité (2).

On remarquoit encore dans le chœur de cette église un grand nombre de cénotaphes en bronze, en marbre et en pierre. Les cénotaphes en pierre, avec les effigies, avoient été érigés par saint Louis à la mémoire des rois, ses prédécesseurs, vers l'an 1264 (3). Ceux de la dynastie de Char-

---

(1) Voyez les *Monumens de la monarchie française*, tom. I, pag. 164 et 165.
(2) *Description historique et chronologique des Monumens de sculpture réunis au Musée royal des monumens français*, par Alexandre Lenoir, pag. 74.
(3) *Chronique de Saint-Denys*, publiée dans le *Spicilegium*, ou *Recueil de pièces et d'actes anciens*, par dom Luc d'Achéry, tom. II, pag. 208.

lemagne étoient placés à droite; et ceux de la dynastie de Hugues-Capet étoient placés à gauche. Parmi ces monumens on distinguoit celui de Charles-le-Chauve, mort en 877, qui consistoit dans une grande tombe en cuivre placée au milieu du chœur, et sur laquelle étoit couchée la statue de ce prince, de même que la grande tombe en cuivre qui recouvroit la sépulture de Marguerite de Provence, épouse de saint Louis, morte en 1295, et inhumée sous les marches du sanctuaire. A la droite de l'autel étoit placé le tombeau de Charles VIII, mort en 1498. Ce monument consistoit dans un sarcophage en marbre noir, sur lequel étoit la statue à genoux de ce prince devant un prie-dieu, et accompagnée de quatre figures d'anges portant chacun un écusson aux armes de France et de Jérusalem.

La chapelle de Notre-Dame et de saint Jean-Baptiste, dite de Charles V, renfermoit plusieurs tombeaux en marbre érigés à ce prince et à ses descendans. Une lampe, fondée à perpétuité par Charles V, brûloit jour et nuit, au milieu de cette chapelle, dans laquelle avoient été inhumés, par une distinction particulière, plusieurs autres personnages recommandables par leurs talens militaires et les services qu'ils rendirent à la France à une époque où elle étoit en proie aux guerres civiles et étrangères. Tels furent le fameux Bertrand Duguesclin *la terreur des anglais*, connétable de France, mort en 1380, ainsi que Louis de Sancerre, son digne compagnon d'armes, mort en 1402, et quelques autres non moins distingués par leur valeur.

Le tombeau de Louis XII, dit le *Père du peuple*, mort en 1514, étoit placé dans l'un des angles de la croisée septentrionale. Ce monument, dont la composition indique précisément l'époque de la renaissance de l'art en France, avoit été exécuté à Tours, en 1517, par Jean Juste et François Gentil, sculpteurs français, et les figures à Paris, en 1518, par Paul-Ponce Trebati, sculpteur italien.

Ce mausolée, d'une belle composition, est en marbre blanc, ainsi que les figures qui l'accompagnent. Le soubassement, élevé sur deux marches, est orné de bas-reliefs représentant les victoires de Louis XII en Italie. Aux angles du soubassement sont assises quatre statues de femmes plus grandes que nature ; savoir : la *Prudence*, la *Justice*, la *Tempérance* et la *Force*. Au milieu du mausolée est un sarcophage en marbre, sur lequel sont posées les figures nues et mourantes de Louis XII et d'Anne de Bretagne, son épouse, couchées à côté l'une de l'autre. Entre les arcades ornées d'arabesques qui l'environnent, sont assises les statues des douze apôtres, de moyenne proportion : l'entablement qui sert de couronnement, porte un socle, au-dessus duquel sont placés le roi et la reine devant deux prie-dieu.

On voyoit toujours avec admiration le magnifique tombeau de François 1, le restaurateur des arts et des lettres en France, mort en 1547. Ce monument en marbre blanc, est décoré de seize colonnes cannelées, d'ordre ionique, distribuées au-devant des arcades sous lesquelles sont pratiquées trois voûtes ornées de sculptures. Sous la plus grande, sont placées, sur un cénotaphe en marbre noir, les figures couchées de François 1 et de la reine Claude de France son épouse. Au-dessus de ce monument se voient cinq statues de marbre de grandeur naturelle. Celles du roi et de la reine sont à genoux, chacune devant un prie-dieu; les trois autres, aussi à genoux, sont deux fils et une fille de ce prince. Les faces du soubassement de ce tombeau présentent différens bas-reliefs, dont il y en a deux principaux : l'un offre la célèbre bataille de Marignan que François 1 gagna sur les Suisses en 1515, et l'autre celle de Cérisolles remportée, en 1544, sur les impériaux. Ce monument funèbre fut érigé, en 1550, sur les dessins de Philibert de Lorme, conseiller ordinaire et célèbre architecte du roi. Son exécution appartient à plusieurs sculpteurs, dont les noms avoient été long-temps ignorés ; mais M. Imbard, artiste distingué, qui a publié une description de ce monument (1), s'est occupé à en faire le dépouillement dans l'un des registres de la chambre des comptes, et c'est d'après ses laborieuses recherches que nous allons les donner. Pierre Bontemps, Germain Pilon, Ambroise Perret, Ponce Jacquio et Pierre Roussel, ont sculpté une partie des figures et des bas-reliefs. Les plafonds des deux passages et tous les autres ornemens sont de Jacques Chanterel, Ambroise Perret, Bastien Galle, Pierre Bigoigne et Jean de Bourges. Ce monument étoit placé partie dans la croisée méridionale et partie dans la chapelle de Saint-Michel.

Le tombeau de Henri II, fils de François I, mort en 1559, étoit placé dans la croisée septentrionale, à l'angle opposé de celui de Louis XII. Ce monument, exécuté sur les dessins de Philibert de Lorme, étoit en marbre blanc, et décoré de douze colonnes d'ordre composite élevées sur un soubassement en forme de piédestal. On voyoit dans les angles quatre statues de bronze représentant les vertus cardinales avec leurs attributs ; savoir : la Foi,

---

(1) *Description du Tombeau de François I*ᵉʳ, par E. F. Imbard. Paris 1812, grand in-folio, pag. 1.

l'Espérance, la Charité et les bonnes Œuvres, représentées sous des figures symboliques. Sur les quatre faces du soubassement se voyoient plusieurs bas-reliefs d'un excellent goût. Dessus le sarcophage étoient placées les statues couchées de Henri II et de Catherine de Médicis son épouse. Sur la plate-forme qui surmontoit le monument étoient encore les statues en bronze du roi et de la reine à genoux devant un prie-dieu.

Indépendamment de ces monumens, l'église de Saint-Denys étoit encore décorée de plusieurs autres tombeaux, remarquables par leur composition ou par les illustres personnages qu'ils renfermoient. On distinguoit particulièrement celui de Marguerite, comtesse de Flandres, fille de Philippe V, dit *le Long*, morte en 1382. Ce monument, de style arabesque, l'un des ouvrages les plus délicats qui existent en ce genre, étoit placé à l'entrée de la chapelle de Saint-Michel, située sous le premier bas-côté de la nef, à droite.

La chapelle de Saint-Eustache, située à gauche du chœur, renfermoit le magnifique tombeau du vicomte de Turenne, maréchal général des camps et armées du roi, tué à Saltzbach d'un coup de canon le 27 juillet 1675. Ce grand capitaine y étoit représenté, le bâton de maréchal en main (1), expirant dans les bras de l'Immortalité qui tenoit une couronne de laurier, qu'elle lui présentoit comme la seule récompense à laquelle ce héros ait aspiré pendant le cours d'une vie consacrée toute entière à la gloire de la France. A ses pieds, un aigle, effrayé, indiquoit l'empire d'Autriche, sur lequel il remporta tant de glorieux succès ; ce groupe a été sculpté par Tuby. Un bas-relief de bronze, placé sur le devant du sarcophage, représentoit la dernière action de Turenne durant sa campagne de 1674, où, avec vingt-cinq mille hommes, il battit, en diverses rencontres, plus de soixante-dix mille ennemis, et acheva, à la journée de Turkeim, de les mettre tellement en déroute, que vingt-cinq mille hommes purent à peine repasser le Rhin ; ce qui délivra l'Alsace et la Lorraine des insultes des Impériaux, et mit le comble à la gloire du vainqueur.

De chaque côté de ce mausolée étoient deux grandes figures de femmes représentant la Sagesse et la Valeur avec leurs divers attributs ; celle-ci consternée, et l'autre étonnée de la mort imprévue du héros. Ces

---

(2) Par une de ces inconvenances, dont on ne trouve que trop d'exemples dans les productions des artistes des règnes de Louis xiv et de Louis xv, ce héros vêtu à la romaine avoit la tête couverte d'une énorme perruque.

deux figures sont des frères Marsy, sculpteurs célèbres. Cette belle et grande composition que l'on doit au génie de Lebrun, occupoit toute l'étendue d'une arcade incrustée de marbre, et ornée d'une pyramide et de trophées attachés à deux grands palmiers de bronze. Ce mausolée se voit actuellement dans l'église des Invalides, où les dépouilles mortelles du grand Turenne furent transférées avec beaucoup de pompe du Musée des monumens français, le cinquième jour complémentaire an VIII (22 septembre 1800).

Les abbés Suger et Mathieu de Vendôme qui, par leur rare capacité et leurs connoissances dans le ministère, furent appelés à la régence pendant les croisades de Louis VII et de saint Louis, avoient aussi leur sépulture dans cette église; celle de l'abbé Suger, mort en 1151, étoit placée sous l'une des arcades pratiquées dans l'épaisseur du mur de la croisée, du côté du midi, où elle fut pendant long-temps exposée à tous les regards avec cette modeste inscription : Hic jacet Sugerius abbas, dont le laconisme est beaucoup plus éloquent que toutes les longues et froides élégies qui furent composées depuis pour honorer sa mémoire. Près de la porte du chœur, du côté de la croisée méridionale, on voyoit une tombe en cuivre qui couvroit la sépulture de l'abbé Mathieu de Vendôme mort en 1286. Plusieurs autres abbés de ce monastère, recommandables par la pureté de leurs mœurs et par leur sage administration, avoient été inhumés dans cette église. On voit au Musée des monumens français deux tombes en pierre fort curieuses, dont l'une est celle de l'abbé Adam mort en 1122, et l'autre celle de l'abbé Pierre d'Auteuil décédé en 1129.

Il ne reste aucun vestige de cette antique magnificence qui distinguoit particulièrement l'église de Saint-Denys de toutes celles de France. Il semble que le vandalisme, plus encore que le temps, ait voulu effacer jusqu'au moindre souvenir des monumens que la piété et la reconnoissance avoient érigés, depuis plusieurs siècles, à la mémoire de tant de rois et de braves guerriers. Tous les monumens que nous avons décrits, ainsi que ceux de l'abbaye de Royaumont que l'on avoit réunis dans cette église en 1791 (1), furent transportés au *dépôt des Petits-Augustins* (aujourd'hui le Musée des monumens fran-

---

(1) En 1791, peu de temps avant la démolition de l'abbaye de Royaumont, dom Poirier, religieux bénédictin, fut chargé par le gouvernement de faire transporter les tombeaux des fils et des frères de saint Louis, de cette abbaye (où ils avoient été inhumés) dans celle de Saint-Denys. Ce savant bénédictin avoit même conçu le projet d'y réunir, par la suite, tous les mausolées des rois et des princes de la famille royale qui avoient eu leur sépulture dans d'autres églises.

çais) en 1793 et 1794, et depuis classés chronologiquement dans cet établissement avec les autres objets d'art, suivant l'âge et l'époque de leur exécution.

Aux extrémités de la croisée de cette église sont deux escaliers en pierre qui servent à descendre dans les chapelles souterraines situées dessous le pourtour du chœur. Ces cryptes ou chapelles, au nombre de sept, sont, comme on l'a fait remarquer, des restes de l'ancienne église bâtie par les ordres de Pepin et de Charlemagne. Elles sont éclairées par des vitraux en verre blanc, donnant dans une large tranchée pratiquée autour du mur extérieur de ces chapelles. Les chapiteaux des piliers présentent dans leurs développemens quelques détails d'ornemens d'un bon goût. C'est pourquoi l'architecte, actuellement chargé des travaux de cette église, a fait enlever le blanc à l'eau de chaux qui avoit été appliqué sur les murs et sur les chapiteaux, dont on a même épuré la forme des ornemens. L'un des chapiteaux du côté du septentrion représente la pompe funèbre d'un roi; ce qui fait voir que l'on faisoit entrer dans leur composition des sujets historiques. On y remarque aussi cinq colonnes en marbre appliquées contre les murs, et dont les chapiteaux sont d'un style grec du *Bas-Empire*. Elles paroissent provenir de l'ancienne église bâtie par les libéralités de Dagobert. Les voûtes de cette église souterraine sont en arêtes, et leur disposition en plein cintre prouve que la forme ogive n'étoit pas encore usitée à l'époque de leur construction. Quelques fragmens de bas-reliefs antiques, trouvés dans les fouilles, ont été placés sur les murs du côté droit. Les niches pratiquées dans les entre-colonnemens autour du caveau des Bourbons, sont décorées de six statues représentant plusieurs rois de la seconde race. Ces statues faisoient partie de la décoration intérieure de l'une des chapelles sépulcrales qui avoient été exécutées sur les dessins de M. Legrand. Elles sont disposées de la manière suivante : 1°. Charlemagne, exécuté en marbre par M. Gois; 2. Louis 1°, surnommé *le Débonnaire*, par M. Bridan; 3°. Charles II, dit *le Chauve*, par M. Foucon; 4°. Louis II, dit *le Bègue*, par M. Deseine; 5°. Charles III, dit *le Gros*, par M. Gaule; 6°. Louis IV, dit *d'Outremer*, par M. Dumont. Ces cinq dernières statues sont en pierre. On a déposé dans cette église souterraine plusieurs sarcophages en granit et en pierre, qui ont été trouvés lors des exhumations faites en 1793 et 1794. On distingue parmi eux le cercueil en pierre qui contenoit les restes de Pepin-le-Bref, et qu'on a découvert le 24 juillet 1812, au-devant du grand portail.

Pendant la restauration de ce monument

on avoit ouvert, au chevet de l'église souterraine, vis-à-vis la chapelle du fond, une porte cintrée, afin de pouvoir entrer de plain pied dans l'ancien caveau de la famille des Bourbons. La disposition de cette entrée, d'un caractère convenable à sa destination, paroissoit devoir l'emporter sur toute autre considération; cependant, malgré les judicieuses observations de l'architecte actuel, les deux vantaux en bronze de cette porte ont été démontés et la baie murée. On a r'ouvert, à l'ouest, l'ancien escalier par lequel, avant la révolution, on descendoit dans le caveau, dont l'ouverture se trouve comme autrefois en avant et à droite de l'emmarchement en marbre du sanctuaire. Trois tombes ou dalles ferment l'entrée de l'escalier au bas duquel est une grille en fer à deux vantaux, par où l'on pénètre dans le caveau destiné à la sépulture de la famille des Bourbons. En 1683, le caveau qui avoit servi jusqu'alors à la sépulture des princes et princesses de la maison royale de France, se trouvant d'une trop petite étendue, on fut obligé de l'agrandir. Les ingénieurs du roi qui furent chargés de ce travail, firent percer par dessous le chevet de l'église (à l'endroit où étoit une ancienne chapelle dédiée à saint Démètre) un petit corridor de la largeur de 3 pieds, sur 7 pieds de hauteur. Les ouvriers voûtoient à mesure qu'ils avancoient. Dans le cours de cette opération ils découvrirent plusieurs tombeaux, dont on ne reconnut que celui de l'abbé Antoine de La Haye, qui contenoit une inscription gravée sur une lame de plomb, suivant laquelle il avoit été inhumé dans cet endroit en 1504. Enfin, après un travail aussi long que pénible, on parvint à établir une communication entre le petit caveau des cérémonies, situé au bas de l'escalier actuel, et l'ancien caveau qui avoit été prolongé jusque sous le maître-autel. Ce caveau, dont la construction paroît fort ancienne, étoit originairement une crypte dans laquelle avoient été inhumés les corps des saints patrons de cette église, qui furent transférés, en 1144, par les soins de l'abbé Suger, dans la partie supérieure du chevet, où il avoit fait construire un tombeau magnifique. Les deux murs de face de ce caveau sont décorés de plusieurs petites arcades en plein cintre, soutenues par des colonnes dont les chapiteaux sont ornés de bas-reliefs représentant une suite de sujets tirés du Nouveau-Testament. Ces deux caveaux réunis ont 45 pieds de longueur, sur 15 pieds dans leur plus grande largeur. On a fait le ravalement entier des murs, et les voûtes ont été revêtues en stuc. Au centre de la voûte de l'ancien caveau, l'architecte a fait peindre à fresque les armes de France et de Navarre, en mémoire des princes dont il fut le dernier asile. A la partie occidentale de ce caveau on a construit un contremur adossé à celui qui soutient la poussée du terre-plein sur lequel est érigé le maître-autel : ce mur menaçoit ruine (1). On a établi, dans l'ancien caveau, sur deux lignes parallèles, des tréteaux en fer, avec des barres de fer destinées à supporter les corps des princes et princesses de la famille des

---

(1) Au mois de septembre 1814, en faisant les fouilles nécessaires pour la construction du contre-mur de ce caveau, on a découvert un cercueil en pierre, dont l'extrémité faisoit partie du parement extérieur de l'ancien mur de soutènement. Il fut ouvert par le bout, et l'on y trouva les restes d'un corps momifié, dont les parcelles laissoient apercevoir des bandelettes, et quelques traces d'étoffes d'or, entièrement détériorées. Les pieds du cadavre que ce cercueil avoit contenu étoient dirigés, selon l'ancien usage, vers l'Orient. Il fut impossible de pousser plus loin les recherches, parce que ce cercueil se trouvoit engagé dans un mur, dont on n'auroit pu l'extraire sans éviter l'éboulement du terre-plein sur lequel est érigé le maître-autel. L'*Histoire de saint Denys* ne fournit aucun renseignement sur cette sépulture. En continuant les fouilles, on trouva plusieurs tombes mutilées, sur lesquelles avoit été bâti le mur du fond de ce caveau. Ces tombes, qui ne contenoient aucune inscription, étoient disposées régulièrement et coïncidoient parfaitement avec un mur demi-circulaire, qui a paru être d'une haute antiquité, et dont les fondations avoient été établies avec des fragmens de construction romaine. L'ancienneté et la disposition de ce mur font présumer qu'il avoit servi originairement de base au chevet de l'église construite par les ordres de Dagobert; et cette conjecture paroît d'autant plus vraisemblable, que ce mur se rattache à deux autres portions circulaires, qui sont en évidence, et dont l'ensemble décrit un demi-cercle, comme celui du chevet d'une église. Dans les différentes fouilles qui ont été faites depuis la restauration de ce temple, on a trouvé des poteries et des fragmens de tuiles antiques, les unes provenant d'une couverture, et les autres qui servoient à des canaux, ce qui fait soupçonner qu'il y a eu dans ce lieu quelques habitations romaines.

Bourbons. On a placé de même, à l'entrée de ce caveau, deux tréteaux en fer pour y déposer, selon l'ancien usage, le cercueil contenant les dépouilles mortelles du dernier monarque décédé.

C'est dans ce caveau où étoient placés, sur des barres de fer élevées de terre d'environ 3 pieds, les cercueils en plomb contenant les corps des princes et princesses de la famille des Bourbons, depuis Henri IV jusques et compris Louis-Joseph-Xavier, dauphin, fils aîné de Louis XVI, décédé le 4 de juin 1789, âgé de sept ans; ce qui faisoit une totalité de cinquante-trois personnages inhumés dans ce caveau. En 1793, lors de l'exhumation des corps des rois, princes et princesses, on ouvrit ce caveau du côté des chapelles souterraines, et l'on commença par en tirer le cercueil de Henri IV, mort le 14 de mai 1610, âgé de cinquante-sept ans. Pendant le peu de temps que son corps fut exposé à la curiosité publique, chacun s'empressa de venir contempler les restes glacés de ce bon prince, dont les traits, encore bien conservés, pénétrèrent de respect et d'admiration ceux qui se trouvèrent présens à son exhumation (1).

---

(1) Cette scène touchante de l'exhumation de Henri IV, nous a été retracée, avec autant d'esprit que d'intelligence et de vérité, par M. Richard, peintre estimé, dans un charmant tableau qu'il

Il fut alors facile de saisir cette circonstance pour mouler sur nature le plâtre d'après lequel les artistes multiplient aujourd'hui le portrait de ce bon Roi.

On sera sans doute étonné de voir que non loin des somptueux mausolées de Louis XII, de François I^(er). et de Henri II, Henri IV gissoit presque ignoré, dans un caveau étroit, de construction irrégulière, sans aucun ornement, et sans que l'on ait même songé à ériger un monument à la mémoire de cet excellent prince. Ses successeurs n'eurent pas de sépulture plus magnifique : on ne vit pas même une seule image qui rappelât les traits du monarque défunt, pas une seule inscription qui fît son éloge. Soit qu'à chaque nouvel avénement au trône on oubliât sans retour celui qui n'étoit plus, soit que l'on craignît de faire entrevoir au prince régnant le terme de sa grandeur et de sa puissance, il se passa cent quatre-vingts ans sans que l'on

---

a exposé au Louvre en 1803, et que l'on a revu à la dernière exposition avec un nouvel intérêt.

Au mois d'août 1814, M. le chevalier Dubos, sous-préfet de Saint-Denys, a eu l'honneur de présenter au Roi un tableau, sur lequel sont fixées deux dents de Henri IV, sa moustache, et une manche presque entière de la chemise avec laquelle il avoit été enseveli. Ces précieux restes avoient été recueillis, à l'époque de la profanation des tombeaux, par feu le sieur Desingy, alors suisse de l'abbaye, qui les a sauvés aux risques de sa vie ; ils étoient restés jusqu'à présent entre les mains de sa veuve, qui aspiroit depuis long-temps au bonheur de les rendre à la famille de nos souverains. Voyez le *Journal de Paris* du lundi 29 août 1814.

8

se soit occupé un seul instant de la sépulture royale. L'accroissement que l'on fit, en 1683, au caveau qui avoit servi jusqu'alors à la sépulture de la dynastie des Bourbons, suffit à peine par la suite ; car on assure que lors de la mort du dauphin, fils aîné de Louis XVI, il ne s'y trouva plus que la place où l'on mit le cercueil de cet enfant. L'infortuné monarque le sut, et en parut frappé; mais on ne voit pas que cela l'ait déterminé à agrandir cette sépulture ou à s'en préparer une nouvelle (1). Je ne rappellerai point les terribles événemens qui auroient rendu ce soin superflu ; je remarquerai seulement que tous les corps des rois et des reines, des princes et princesses des trois dynasties, inhumés dans cette église depuis Dagobert 1, mort en 638, ainsi que ceux des fils et des frères de saint Louis, provenant de l'abbaye de Royaumont, et réunis à ces derniers en 1791, ont été exhumés et retirés de leurs cercueils, ensuite jetés pêle-mêle dans deux grandes fosses creusées en dehors, vis-à-vis le portail septentrional de l'église, dans lesquelles on avoit préparé plusieurs lits de chaux vive, que l'on recouvrit de même et qui furent comblées avec de la terre (2).

---

(1) *Coup-d'œil historique sur la ville de Saint-Denys et sur la restauration de son église*, etc., par M. B. A. H. et A. M. Paris, 1807, pag. 7 et 8.
(2) Voyez le procès-verbal des exhumations faites dans l'église

existe, ils expriment le vœu de voir restituer ces mêmes monumens aux églises dont ils étoient autrefois la propriété. Celle de Saint-Denys particulièrement réclame ses nombreux mausolées qui font l'ornement d'un musée où ils sont devenus étrangers aux souvenirs qu'ils rappellent et aux sentimens qui les ont fait naître. Transportés à Saint-Denys, non-seulement ils se lieront à l'histoire de ce monument, mais ils concourront à l'embellir et à faire disparoître de son enceinte cet état de nudité qui rappelle sans cesse les funestes effets du vandalisme. Enfin, sous le règne paternel de Louis XVIII, on a tout lieu d'espérer que ce temple, jadis honoré de la protection spéciale des rois ses prédécesseurs, fixera désormais l'attention d'un prince qui semble avoir hérité tout à la fois des vertus de saint Louis, de la clémence de Henri IV et de la munificence de Louis XIV.

FIN.

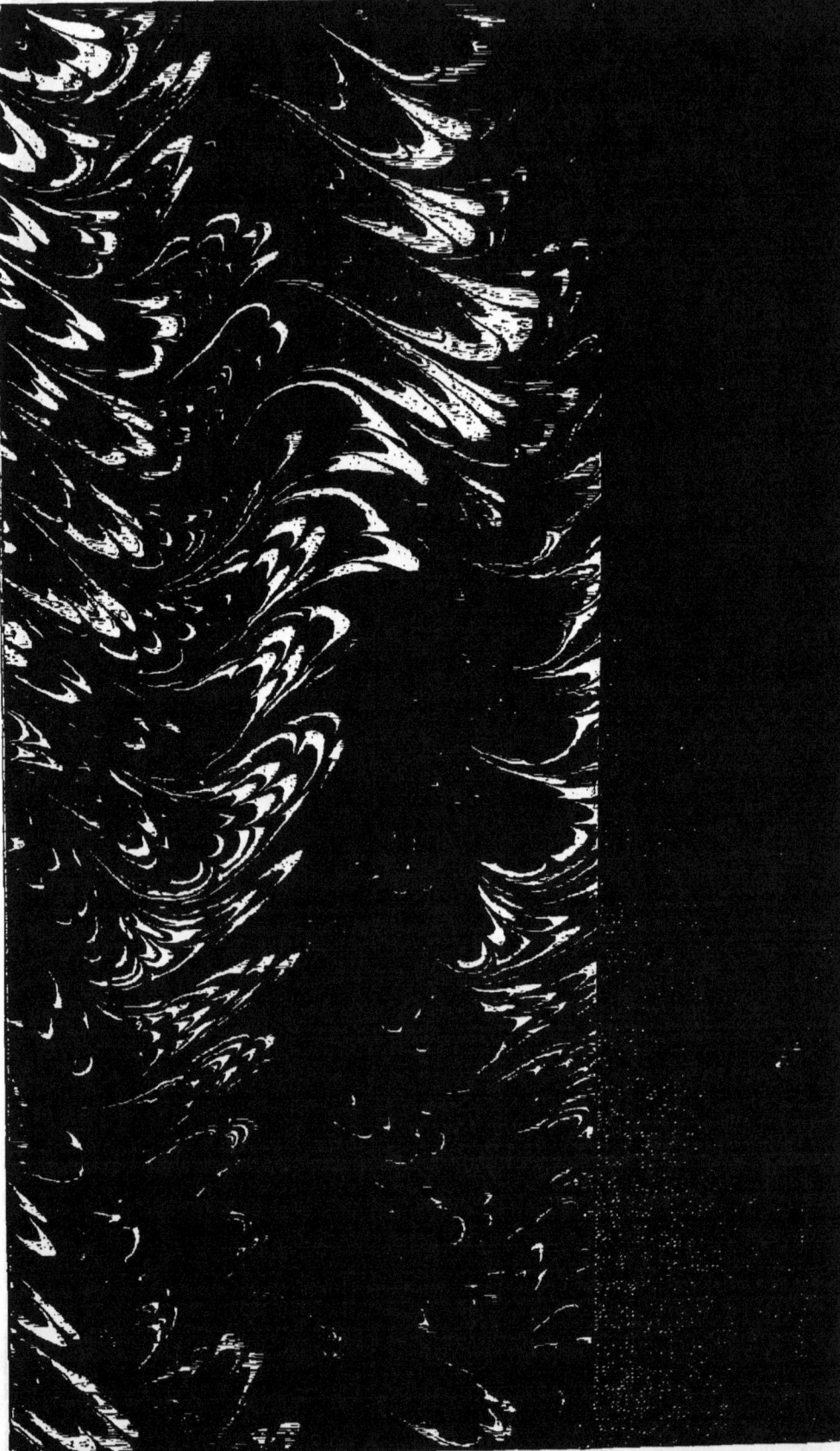

www.ingramcontent.com/pod-product-compliance
Lightning Source LLC
Chambersburg PA
CBHW070259100426
42743CB00011B/2265